浙江省社会科学界联合会 钱江晚报 编 浙江工商大学出版社

浙江人文大讲堂

第十一辑

图书在版编目(CIP)数据

浙江人文大讲堂. 第11辑 / 浙江省社会科学界联合会，钱江晚报编. —杭州：浙江工商大学出版社，2016.5
ISBN 978-7-5178-1587-7

Ⅰ. ①浙… Ⅱ. ①浙… ②钱… Ⅲ. ①人文科学—文集 Ⅳ. ①C53

中国版本图书馆 CIP 数据核字(2016)第 050681 号

浙江人文大讲堂·第十一辑

浙江省社会科学界联合会　钱江晚报 编

责任编辑 刘　韵
封面设计 林朦朦
责任印制 包建辉
出版发行 浙江工商大学出版社
(杭州市教工路 198 号　邮政编码 310012)
(E-mail：zjgsupress@163.com)
(网址：http://www.zjgsupress.com)
电话：0571－88904980，88831806(传真)
排　　版 杭州朝曦图文设计有限公司
印　　刷 杭州五象印务有限公司
开　　本 710mm×1000mm　1/16
印　　张 10.5
字　　数 136 千
版 印 次 2016 年 5 月第 1 版　2016 年 5 月第 1 次印刷
书　　号 ISBN 978-7-5178-1587-7
定　　价 25.00 元

浙江工商大学出版社营销部邮购电话 0571－88804228

总策划

郑新浦　李　杲

主　编

周鹤鸣　吴　蒂

执行主编

郁兴超　兰杨萍

编　委

陈　骥　王慧华　方福明　朱一佳

主撰稿

张冰清　张　苗　章咪佳　丁颖鹏　沈蒙和

梁建伟　徐　洁　王玲瑛

主摄影

尹炳炎

目录

CONTENTS

浙江人文大讲堂

序

丙戌春节才过，收到了浙江省社会科学界联合会要我为《浙江人文大讲堂》写序的信，随后又收到《钱江晚报》“人文大讲堂”发表的每一讲精彩部分摘要报道的复印件。看罢，我被深深地感动了：被“人文大讲堂”举办者对普及人文社科知识的执着、创意所感动，被每位讲者的率真、睿智、博学所感动，被广大听者和读者积极的参与、热烈的反应所感动，甚至深以未能跻身于听众席为憾。我也高兴地了解到，“人文大讲堂”的影响已经超出讲堂，也超出杭州乃至浙江，颇有将要成为江南人文知识传播基地的态势。这的确是早春的南风吹来的好信息。虽然连日事多，但是为这样一个符合人民需求、在当前具有给许多地区起带头作用的讲演集写序，我当然是愿意的。

“人文大讲堂”的宗旨很明确：以人文精神的培育为核心，以提升国民人文社科素质为己任。举办者、讲者，本着这一宗旨全心全意地给广大人民奉献上视野广阔、内容深刻、语言生动的“大餐”，而听者、读者的热烈反应、坦诚提问、积极建言，又为讲堂增色不少。

我们太需要这样的普及工作了，太需要由政府或社会团体、民间组织搭起一个平台，给我们的学者创造一个与渴望获得人文营养的人们直接交流的机会了。

为什么这样说？

确如讲者们所说的，“在市场经济下，对金钱的追求似乎成了人们唯一的

（许嘉璐，全国人大常委会原副委员长，北京师范大学教授，著名语言学家）

目的，它淹没了人性中最美好的东西”(《钱江晚报》2005年4月25日)；“钱是人生的一部分，没有钱不行，但是，人生绝对不是钱的一部分。如果我们自己成了钱的一部分，为钱而活，就很可悲”(《钱江晚报》2005年7月4日)。那么，人性中最美好的东西是什么？人究竟应该为什么而活着？这是几千年来人类一直在苦苦思考、争论不休的老问题，到现在也还是见仁见智，在“人文大讲堂”上各位专家对这个问题所给出的答案其表述也并不完全一样。但是，几乎所有中外古今曾经努力对民族、对国家、对人类做出贡献的人，都用不同的语言、不同的表达方式，说出了一个共同的道理：追求物质是在追求平凡，追求精神是在追求崇高。人就是人，人要生存和延续当然需要物质，而人类要生存和发展就还需要合作、协力；在填不饱肚子的时候，物质就显得最为重要，而一旦温饱问题解决之后，人文的需求、精神的丰富就成为更为紧迫的需要。人文社会科学就是要探究人类从哪里来，将走到哪里去，也就是探寻人如何超越物质的层面，寻觅人类之区别于其他动物的、特有的“精神”。对于个人来说，没有了精神也就没有了真正的幸福；对于民族或人类而言，没有了共同的精神也就没有了认同感、凝聚力；没有了精神，个人与民族就将颓唐、迷茫、离散——灵魂的飘荡是个人和民族最大的灾难。

人文精神对于中华民族尤其重要。原因之一为我们不是靠宗教教义和信仰维系的民族，我们靠的是代代相传的伦理道德和对崇高精神的追求。人生自古谁无死，留取丹心照汗青；仁以为己任，死而后已；先天下之忧而忧，后天下之乐而乐……这些人人耳熟能详的老话，是中华民族儿女完善自身的终极目标。历代固然也不乏抱着“人不为己，天诛地灭”信条得意一时一世的人，但是中华民族的延绵不绝，愈难愈强，还不是靠了那些堪称民族脊梁的志士仁人奋斗拼搏乃至流血牺牲吗？

环顾四周，不能不承认，历经几千年，事实证明具有普世意义的中华民族精神，已经为许多人所不了解、不熟悉、不珍惜，不知多少迷茫的灵魂在虚无中飘荡，长此以往，个人与社会将失去永不枯竭的前进的动力，社会将因此而动荡不安。

中华民族传统文化酝酿形成于农耕时代，自然也有不少已经不适于今的内容和形式。怎样既通过社会生活自身，又经由学者的研究进行“时代的过滤”，又怎样把真正至今鲜活的东西传递到社会的每个角落，形成新时代的民族精神？回答这个问题，是一项极其紧迫、伟大，但又非常繁重、艰巨的任务。

毋庸讳言，现在不少学者渐渐地离开了火热的社会实践，离开了迫切需要人文关怀的人民群众。这不但加剧了文化的迷失，而且也严重地妨碍了学术自身的发展深化。“人文大讲堂”破土而出，也是应运而生，人们从这清新的南风里所嗅到的不仅是举办者、讲者和听者对人文精神的热情，还感到了学者走进群众之中，台上台下水乳交融的热烈场面和现代传媒与讲堂现场之间密切配合、共同打造品牌的有效探索。这是不是预示着我国社科人文理论研究与社会生活的密切结合，国民素质与社科研究水平随之将有更为扎实的大幅度提高呢？我们从这里已经看到了中华民族文化、精神建设高潮的潮头。

“人文大讲堂”已经迈出了坚实的第一步，已经在群众中扎下了根，现在举办者又把各位讲者的讲稿结集出版，影响一定会更进一步扩大。衷心希望“人文大讲堂”越办越好，听众越来越多，影响越来越大。至于“人文大讲堂”下一步该怎样走，我想，这不单是远在北京的我的悬想，更为杭州、浙江以至更远处的听者、读者所关心。听说举办者已经有了打算，这太好了，得其益者将不只是正在建设文化大省的浙江，而是整个国家和民族。

2006年2月24日

于日读一卷书屋

浙　江　人　文　大　讲　堂

何勤华

华东政法大学校长、教授，博士生导师，享受国务院特殊津贴。兼任中国法学会常务理事、全国外国法制史研究会会长。主要从事法律史、法学史和比较法的教学和研究。主要著作有：《西方法学史》、《中国法学史》（三卷本）、《世界法系概览》（合译）、《西方民法史》、《世界上伟大的法学家》（合译）等 90 多部专著及合著（译著），在法学核心刊物上发表论文 180 余篇。被评为第二届“中国十大杰出中青年法学家”，2001 年被评选进入“全国百千万人才工程”，2003 年被评为“全国优秀留学回国人才”，2009 年当选“国家级教学名师”。

法治与中华民族

“法治”早已经成了大家生活、工作中越提越多、越聊越热的话题。中国古代法治制度，在春秋战国时期已经形成，甚至在春秋战国之前，法治观念就已经成为中华民族文化的一部分了。

近代以来随着西方法治模式的传入，中国逐渐吸收外国法治文明，不断进步。

中华民族是如何从春秋战国走入如今的法治社会的？我们又该如何解读十八届四中全会提出的“全面依法治国”？这条路上又会遇到哪些困难？

人文大讲堂这期请来的是华东政法大学校长、教授何勤华。

重视法治是中华民族文明的重要部分

我们都知道中华民族是世界范围内唯一一个有着五千多年文明成果，并且持续到今天没有中断的民族。为什么我们中华民族能够延续这么长？这与我们在治国理念、制度和方式上，既能够保持自己的传统，又能够吸收外来文化、外来文明，兼容并蓄，发扬光大，从而走出了一条我们自己的道路有关系。

2011年,“法律文明史”项目获国家哲学社会科学重大项目立项。我们课题组研读了全世界范围内160多个考古遗址的资料,通过这些遗址的样本,分析了残留到今天能够看到的物品,发现人类在文明演进过程中,始终没有中断过运用法律(在法律出现之前运用规范)来安排制度、维持社会的秩序。

打个比方,我们看到了人类最早的时候,为了保证维持最基本的生产和生活秩序,发明了公共权力。为了保证这种公共权力的行使,就有一些相应的议事机构,如距今约110万年至115万年的陕西蓝田人,就有一种议事厅,来讨论涉及群体生活的大事。

为了保证我们能阻止杀人、抢劫、强奸、盗窃这些行为,为了使我们的物品交换能够顺利进行,另外还要考虑到不要触犯群体中他人的利益,人们约定了一些代表原始法律规范的习惯、习俗,这些都是在法律文明之前形成发生的。

这种公共权力延续到夏商,接着进入周王朝,然后是春秋战国时代。

也就是说,在中华民族文明形成过程当中,我们已经注意到了运用规范的力量来维持社会的秩序,来保证人群不至于毁灭,能够顺利地生存下去。

中国法家法治理论和实践对中华民族的影响

上述远古一代传下来的文明,到了春秋战国时代,形成了一个专门主张法治的学派,一般讲到的代表人物有管仲、商鞅、韩非等,后世把这批人称为法家学派。

我个人认为,法家跟儒家、墨家、道家等一样,都是我们中华民族当中最优秀的群体,是最具有政治智慧的精英。在法家当中,商鞅、韩非的理论普及最广,影响也最大。

法家的理论大概有六个方面的要点：第一，以法为本；第二，缘法而治；第三，就是法律公开；第四，刑无等级；第五是重刑；第六是壹法、一尊。

法家的理想是建立一个"法治国"，其人性基础是性恶论，这个在《韩非子》这本书里讲得很多。书中设定人都是自私自利的，都是注重自己的利益，所以要有规范来限制人性。

个人感觉，法家法治理论有缺陷，比如说强调重刑。韩非的言论是重刑轻罪，那么轻罪不致，重罪不来。秦始皇时期，李斯就制定法律，假如你在路上倒灰，就要被判割鼻子的刑。所以后来秦国的法律是很严酷的，这是它的一个缺陷。另外，法家讲的法是君主个人的法，法家还强调集权，强调专制，这些都是它的负面影响。

但是法家理论、法治理论，对当时的中国是一种积极向上的理论，一种比较管用的治理国家的模式，并最终带领中国走向了统一，建立了一个强大的秦王朝。

从整体上讲，法家理论与中华民族紧密相连，法家的学说是中华民族智慧的结晶，带有非常强烈的民族性和特色，也是我们中华民族的文化传统之一。所以我们应当在克服法家学说缺陷的基础上，发扬光大法家法治理论和实践中优秀的元素，为四中全会确定的全面推进依法治国的方略做出贡献。

法治在中华民族治国理念中的地位

汉武帝的时候，董仲舒提出，要"罢黜百家，独尊儒术"，即将其他的学说都禁止，以儒家的学说为正统。这个观点的提出，实际上对中国古代治理国家的模式是一种丰富、一种发展。因为他们总结了秦王朝二世而亡的原因：法治太苛刻，老百姓都害怕了。

秦王朝灭亡，当然有种种原因，但它严酷的法律应该是其中重要的一个。汉王朝吸收了这个教训，就把儒家德治的思想提了上来。但是仔细分析，自汉以后，我们治理国家，实际上是采取了一种儒家与法家相结合的模式。

讲得再明白一点，叫“外儒内法”或者“明儒阴法”。表面上看起来是儒家在搞，实际上骨子里实行的还是法家的手段。《史记》里汉宣帝刘询跟他的儿子——后来的汉元帝刘奭有段对话，汉元帝感到法家太苛刻，应该实行儒家仁义这一套，汉宣帝就批评他，说只有把霸道和王道结合起来，我们国家才能治理好。为了这个事情，汉宣帝非常生气，曾经想把刘奭的太子之位给废掉。

汉王朝统治者把儒家和法家结合起来，表面上行儒家的王道，实际上并没有放弃法家，他们以宽容相济作为正统的国家意识形态。

这方面做得最好的是唐太宗李世民。李世民有一句非常著名的话——君是舟，民是水，“水能载舟，亦能覆舟”，就是说你离开了老百姓，你的统治是不稳的。因此，他非常注重民本。

四中全会决定出来以后，如果我们注意网上的一些文章，或者学术界的一些观点，就会发现，以前我们对于中国古代的法的理解一般按照东汉许慎《说文解字》的那个解释，法是三点水，即法平直如水，就强调它的公平层面。现在学术界又把它演绎出来，说三点水不仅仅代表法是公平、正义的体现，还代表了老百姓，就举了唐太宗刚才那段话为例。

所以，我们把以前常说的法制的“制”改成现在法治的“治”，本身就表明了我们的法治带有民主性，带有对民本的关注，表明了人民群众是其主体。所以，四中全会非常强调发扬人民的主体作用，这表明我们传承了中华民族正统的法学世界观。

近代以来西方法治传统对中华民族的冲击与同化

鸦片战争以后，西方法学就伴随着英国的侵略一起进入了中国。就当时中国的情况来讲，我们是走了一条把西方的法治模式引进来，加以消化吸收，然后再结合中国具体的国情，把法治慢慢往前推进的道路。

我们中国法律近代化真正定型是在国民党政府时期，于1928年到1935年编纂的《六法全书》，是对这之前的阶段做的总结。中国近代在移植、吸收外国法律文明基础上建立起来的资产阶级的法律体系，到1949年已经慢慢地融入我们中华民族自己的法律当中，成为中华民族法律文明的一个重要组成部分，甚至也成了中国近现代社会的一个重要的国情。

所以，现在我们提倡要建设中国特色社会主义法治道路。什么是中国特色？从鸦片战争到现在，170多年的历史本身就是中国的国情，中国的特色。

我们现在在课堂上学习的法律知识，基本上都是近代以后从西方传进来的，就算是“中国法制史”这门纯粹讲中国法律史的课，它的内容虽是中国的，但课程体系也是日本的发明。但近代以来传入的西方的法律文明，已经融进了中华民族自己的法律之中。就像佛教并不是在中国产生的，但现在中国信奉佛教的人数远远超过印度，佛教已成为中国第一大宗教，基本融入我们中华民族的血液当中了。

对新中国六十多年发展历程的总结和反思

1949年我们建立了新中国。但对待法治，我们走了一条曲折的道路，或者说是走了一条反复的道路，我自己归纳叫“两个阶段的否定，两个阶段的肯定”。

新中国刚刚建立的时候，我们对法治持批判态度，当时《人民日报》发的文章批得最多的是四个观点：第一个是法律面前人人平等；第二个是法治；第三个是司法独立；第四个是无罪推定。

在当时的情况下，法治是被作为反动的资产阶级观点来批判的。为什么要批判法治呢？当时法治的罪状有两条：第一条说法治是资产阶级镇压和迫害人民群众的工具；第二条说它具有很大的虚伪性和欺骗性，对劳动人民和无产阶级具有腐蚀的作用。

到了1954年，我们对法治重新进行了判定。1954年《宪法》起草，得到全党和全国特别的重视。《宪法》起草领导小组组长是毛泽东，政治局常委、政治局委员全部参加，还包括一些优秀的民主人士，以及郭沫若、李四光这些非法学界人士。草案是党内第一号“秀才”陈伯达起草的，这本身就表明了我们党对《宪法》的重视。

在讨论的过程中，毛泽东写了一个条子，让秘书帮他找法国、美国、日本的相关文件，以及国民党政府、北洋政府和清政府的《宪法》及草案，把这些资料全部吸收过来以后，汇总在一起，才制定了我们的《宪法》。毛泽东这个行为本身，已经是为法治平反了。

第二个否定是从1957年“反右运动”开始的。“反右”原来的出发点是希望全党、民主党派的知识分子和全国人民帮助党进行整风，给我们党提意见，但是后来由于形势变化，转变成为反击右派的一个运动。“反右运动”过后，接下来就是1958年的“大跃进”，这对法治造成了一种非常大的冲击。到1966年，“文化大革命”爆发，人大不开会了，也不立法了，开始砸烂公检法……到1968年12月，全国所有的检察机关都撤销了。

1978年12月召开的党第十一届三中全会，为法治建设带来了春天。从那个时候以来，我们的法治越来越深入人心。当然中间经过几个阶段，比如1979年到1980年，爆发过一次人治和法治的大讨论。还有个关键点，就是1996年2月8日，中央政治局听法学专家上法治课，这一讲的主题就是“关于依法治国，建设社会主义法治国家的理论与实践”。这个讲座也是一炮打响。第二年，党召开十五大，把依法治国写入十五大报告。过了两年，1999年我们《宪法》修改，又把它写入《宪法修正案》。

就这样，法治建设一步一步一直发展到现在。

四中全会亮点的解读

我根据四中全会公报，归纳了几个亮点。

第一个，党的领导和依法治国的关系。中国的法治，区别于西方，区别于外国，它最大的特点就是有我们党的领导。

第二个，全面推进依法治国的总目标。总目标里面讲了三层意思，第一层是建设社会主义特色法治国家，建设社会主义法治体系。第二层讲了法治的五个体系。第三层讲了依法治国、依法行政、依法执政，法治国家、法治政府、法治社会，另外还讲了科学立法、严格执法、公正司法、全民守法。

第三个亮点，就是健全《宪法》实施和监督的制度。在四中全会决定出来以后，我写了篇加强依宪治国的文章，标题叫《依宪治国是依法治国的升级版》。在上海发表时遇到了一些争议，后来又全文刊登在了《中国教育报》上，这说明我们的领导干部对依宪治国还有一些不同的看法，认识并不一致。这个我也是想说一下，依宪治国的路还是很艰难的。

第四个，就是完善立法体制，改善我们立法的机构，把专家吸收到立法工作中来。大家也会注意到，以前我们会提出法官、检察官要从律师、法学学者当中来招聘，从来没讲过立法者也从律师、法学教师里面招聘，这次四中全会提出来了。同时，也强调了提升立法的质量，提出要吸收人民参与立法，提高人民在立法中的主体地位等。

第五个，加快法治政府建设。这次的公报中讲得很多，从中可见中央对司法改革的重视。

第六个，讲了要提高司法公信力，强调通过对每一个案件的公平处理，让当事人感受到司法公正。

第七个，最高人民法院设立巡回法庭。现在已经设立了两个，第一个放在深圳，第二个放在沈阳，而且已经开庭审理过案件。深圳的第一法庭由原来最高法院执行局的刘局长任庭长，沈阳法庭庭长由原来最高法院的专委、研究室主任胡云腾出任。从这个架构里面我们可以看到，巡回法庭是建立在跨省的层面上的。

第八点，探索建立跨行政区划的人民法院和人民检察院。这个跨行政区划，主要在省内，一个省可以设几个。

第九点，探索检察机关提起的公益诉讼。公益诉讼关乎我们的民生，关系到我们老百姓的生活。我的理解就是：要规范政府的乱作为和不作为。

第十点，就是加快以审判为中心的司法改革。全国的司法改革方案和上海等试点省市的司法改革方案都已经出来，主要目标是解决审案者负其责的问题，建立主审法官和主审检察官制度，上海正在进行，已经成立了“法官、检察官遴选（惩戒）委员会”，我也是委员。我们进行了第一次遴选，上海的第一批主审法官和主审检察官已经诞生。上海的试点工作如果获得大家认可并得到中央的批准，就会推广到全国。

整　理　张　苗
摄　影　董旭明
时　间　2015年4月2日
地　点　浙江外国语学院文三校区小礼堂

浙 江 人 文 大 讲 堂

李君如

中共中央党校原副校长、研究员，博士生导师，国务院政府特殊津贴享受者。第十届全国政协委员，第十一届全国政协常委。兼任中国马克思主义哲学史学会常务理事、全国“三个代表”重要思想研究会会长、中国中共党史学会副会长等职。主要研究马克思主义中国化的思想史、中国特色社会主义理论体系。多次主持完成中央委托的重大课题调研和重要文件的起草工作。出版数十部著作，其中，《毛泽东与近代中国》《毛泽东与当代中国》《毛泽东与毛泽东后的当代中国》组成的“毛泽东研究三部曲”在1998年荣获第11届中国图书奖。发表数百篇论文和各类文章，其中，《邓小平的“中国特色社会主义论”》(《解放日报》1991年6月5日)获1992年全国精神产品“五个一工程”优秀论文奖，《邓小平的管理思想与领导艺术》(《解放日报》1992年10月7日)获1993年全国精神产品“五个一工程”优秀论文奖。

在“四个全面”战略布局下，我们一起奋斗和前进

“四个全面”，是指全面建成小康社会、全面深化改革、全面依法治国、全面从严治党。

从2014年12月在江苏调研时被第一次提出后，在全国政协新年茶话会上、在党校省部级主要领导干部专题研讨班上、在中央政治局会议和集体学习中、在春节团拜会上……习近平总书记一而再、再而三地强调，让“四个全面”成为备受关注的“新提法”。

说到这个提法，都知道那是引领民族复兴的战略布局，但可能会觉得很抽象。

你或许要问，这跟我们老百姓有什么关系？或者，在这个宏大战略布局中，我们又能做些什么？

2015年4月3日，中共中央党校原副校长、研究员、博导李君如教授，为浙江人文大讲堂的听众解答了疑问。

“两会”最热点从社会福利转向收入分配

“四个全面”和每个人都有关系。2015年两会前夕，人民网在网民中

做了一个调查，结果显示，网民最关心的问题，一是“收入分配”，二是“重拳反腐”，三是“经济新常态”。

新华网的两会热点调查数据也和人民网差不多：今年网民投票关注话题前五位分别是收入分配、反腐倡廉、医疗改革、养老改革、环境治理，占比分别为6.97％、6.55％、6.51％、6.38％、5.91％。

而前几年，网民关注的重点在社会保障和社会福利上。那是因为我们在经过多年的快速发展以后，社会分层加剧，社会矛盾增加，对社会福利、社会保障的要求就凸显出来了。

十八大以来，我们在以经济建设为中心全面建设小康社会的过程中间，在社会建设、社会福利方面做了很多工作。老百姓这方面的诉求，相对来讲比前几年少一点了。

现在的新问题是经济下行。在经济下行的新常态下，怎样能够在结构调整中稳增长，怎样能够在稳中求进方面做出好文章来，这些问题更涉及许多老百姓的切身利益。

而这些问题都是“四个全面”大局中的问题。

所以，“四个全面”不是跟老百姓没有关系，而是有重大关系。不论是搞党务和行政工作的、搞企业的，还是做工务农的，或是在上学的、退休在家的，都应该了解这“四个全面”。

全面建成小康社会是目标，其他三个“全面”是举措

“四个全面”战略布局，是以习近平为总书记的党中央在贯彻落实十八大精神的过程中，对在建设中国特色社会主义道路上我们应该建立一个什么样的国家治理体系，怎样治理国家这一根本问题的集中回答。正是在这个意义上，“四个全面”集中体现了以习近平为总书记的党中央治

国理政的战略布局。改革开放以来,我们开创了中国特色社会主义伟大事业。怎么实现这一伟大事业,是一届又一届党中央肩负的神圣历史使命。习近平总书记曾经说过:"坚持和发展中国特色社会主义是一篇大文章,邓小平同志为它确定了基本思路和基本原则,以江泽民同志为核心的党的第三代中央领导集体、以胡锦涛同志为总书记的党中央在这篇大文章上都写下了精彩的篇章。现在,我们这一代共产党人的任务,就是继续把这篇大文章写下去。"显而易见,这篇大文章的主题是"中国特色社会主义",续写的重点是"坚持和发展"。

习近平总书记提出的"四个全面",文章的重点就在对中国特色社会主义"一坚持、二发展"上。在"四个全面"中,"全面建成小康社会"是坚持和发展中国特色社会主义的阶段性目标;"全面深化改革"脱胎于改革开放这一强国之路和发展的根本动力,又在"全面"和"深化"上发展了"强国之路"和"根本动力";"全面推进依法治国"也是在坚持依法治国这一基本治国方略的同时,在"全面"和"推进"上发展了这一确保党和国家长治久安的治国方略;"全面从严治党"同样在"关键在党"这一根本问题上坚持和发展了新时期党的建设的新的伟大工程。也就是说,"四个全面"这一战略布局,就是我们坚持和发展中国特色社会主义的战略布局。

在论述"四个全面"的战略布局和中国特色社会主义关系的时候,有必要对建设中国特色社会主义"五位一体"的"总布局"和"四个全面"的"战略布局"之间的关系,做一点研究和说明。

一个是"总布局",一个是"战略布局",字面上似乎差不多,其实是两个概念。习近平总书记在十八大后的政治局集体学习中,对此做了深刻阐述。他说:"强调总布局,是因为中国特色社会主义是全面发展的社会主义。"正因为对中国特色社会主义的总布局有了这种"全面"的认识,我们对党的十六大提出的"全面建设小康社会"的任务也有了新的认识。十八大提出的"全面建成小康社会"新要求,一是经济持续健康发展,二是人民民主不断扩大，三是文化软实力显著增强，四是人民生活水平全面提高，五是资源节约型、环境友好型社会建设取得重大进展。显然，“全面建成小康社会”这五个方面的新要求，体现的就是中国特色社会主义经济、政治、文化、社会、生态文明建设“五位一体”的总布局。

而“四个全面”这个战略布局，既有战略目标，也有战略举措。全面建成小康社会是我们的战略目标，全面深化改革、全面依法治国、全面从严治党是三大战略举措。

由于后三者是实现“全面建成小康社会”这一战略目标的战略举措，我们也可以说“四个全面”战略布局是实现“五位一体”的中国特色社会主义及其阶段性目标的战略布局。

距离 2020 年实现目标，我们的时间不多了

“四个全面”战略布局的提出，有一个过程。一般新一届领导人上任，如果是两个任期的话，会在第一个任期稳抓稳打，到第二个任期再加大力度。但这次没有，新的领导班子形成后，一上来就雷厉风行，紧抓实干。为什么呢？

因为，在党的十六大提出“全面建设小康社会”和十七大提出“全面建成小康社会”的任务后，党中央一直在谋划怎么实现这一宏伟的战略目标。现在，距离 2020 年实现这一战略目标，时间已经越来越近。

而我们在 2020 年要达到的目标有哪些呢？

其中在经济目标中有一个硬指标，这就是我们过去说过的“两个翻番”，即“实现国内生产总值和城乡居民人均收入比 2010 年翻一番”。按照十八大时测算，今后 8 年年均增长 7%，国内生产总值就可以翻一番；年均增长 6.8%，城乡居民人均收入就可以翻一番。

从目前来看，尽管这两年经济下行，但还在可以实现我们奋斗目标的

区间之内。比如2014年国内生产总值增长7.4%；全国居民人均可支配收入比上年增长10.1%（扣除价格因素实际增长8%），其中城镇居民人均可支配收入比上年增长9%（扣除价格因素实际增长6.8%），农村居民人均可支配收入比上年增长11.2%（扣除价格因素实际增长9.2%），这些数据都在合理的区间之内。

但是，我们不得不提醒自己，在经济转型的同时如果没有一定的增长速度，是会阻碍全面建成小康社会目标实现的。我们不唯GDP论，但不能没有含有较高质量和效益的GDP。

所以，在贯彻“四个全面”的战略布局，落实所有的举措时，都必须牢记全面建成小康社会的战略目标。这就是我们今天在这里讨论“四个全面”科学内涵，讨论“四个全面”中战略目标与战略举措关系的意义所在。

用辩证唯物主义把握战略布局，重点要处理好三个关系

“四个全面”是具有深刻哲理的治国理政思想，体现了辩证唯物主义的世界观和方法论。

这里，重点要处理好如下三个关系。

一是经济建设与“四个全面”的辩证关系。

我们讲要正确认识“战略目标”和“战略举措”的关系，其中最重要的，是要正确认识和处理好经济建设与“四个全面”的关系。

党的十八大以来，习近平总书记反复强调：“落后就要挨打，发展才能自强。”

因此，讲“五位一体”的总布局也好，讲“四个全面”的战略布局也好，都必须始终坚持以经济建设为中心。特别是在突出某一方面工作的时候，尤其要注意不能偏离经济建设这个中心。同样，我们在发展经济的时

候，也不能“单打一”，更不能不顾政治规矩、不顾精神文明建设、不顾民生、不顾生态文明，胡搞一通。

二是制度与人及其价值观的辩证关系。

我们不仅在生产力方面要实现现代化，而且在制度方面也要实现现代化。

对于中国这样一个东方大国来讲，用现代治理的制度和方式来领导这个国家，是一个极大的领导方式和执政方式的转型。这就更需要在核心价值观上达成共识。提出要培育和践行这样的社会主义核心价值观，对于全面深化改革的总目标来说，就是为了推进国家治理体系和治理能力现代化，完善和发展中国特色社会主义制度。全面深化改革，要处理好制度与人及其价值观的关系，在全面推进依法治国、全面从严治党的时候，也要处理好制度与人及其价值观的关系。

三是坚持与创新的辩证关系。

我们只有在坚持“四个全面”战略布局时，以创新的思维、创新的要求去破解各种难题，才能够把“四个全面”落到实处。

讲到创新，我认为创新应该成为中国人的一种文化，要让创新成为我们的一种文化氛围，一种文化习俗，一种评价标准。

与此同时，要形成这样一种创新文化，我们就要处理好几个关系：

一是创新和务实的关系。创新和务实本来在本质上不是对立的，但是，在务实的情况下，会因为务实而忽略超前发展的思路。务实有它的两重性，有利于创新的务实，有时候也会忽略超前发展的思路，所以创新只有成为一种文化才能与务实更好地统一起来。

二是创新和传统的关系。传统对我们来讲也是有两重性的。弘扬传统的文化，有利于这个民族脚踏实地地往前走，但是传统又会导致守成，制约创新。

三是创新和科学的关系。科学的发展本质上是创新，没有创新就没有科学。科学定理一旦被研究出来之后，就形成了一种对规律的认识，以后人们就可以很好地按照对规律的认识去改造这个世界，这就是科学研究的意义所在。但是反过来，在形成了对规律的认识以后，也可能会排斥新兴事物及其背后发生的新的规律。

四是创新和规矩的关系。社会要有规矩，要讲规矩，没有规矩不成方圆。但如果规矩过于刻板，就会影响创新。创新不反对规矩，但要在创新中完善规矩，在创新中形成新的规矩。

整　理　徐　洁
摄　影　尹炳炎
时　间　2015 年 4 月 3 日
地　点　浙江科技学院图书馆西报告厅

浙　江　人　文　大　讲　堂

王能宪

男,江西瑞昌人。北京大学文学博士,现任中国艺术研究院副院长,研究员。曾任文化部政策研究室主任、中央文化管理干部学院副院长等职务。长期在大学从事中国古典文学的教学与研究,主要从事文化政策与文化理论研究。曾主持起草全国文化事业发展"九五""十五"规划等重要文件,主持文化部理论建设重点工程"有中国特色社会主义文化理论建设丛书",并应邀担任中宣部"文化体制改革总体方案"专家组成员。主要著作有《世说新语研究》、《含咀编——中国古典诗文名篇赏析》、《魏叔子文集》(点校)、《文化建设论——王能宪演讲集》、《中国文化如何应对 WTO》(主编)等。

“礼义之邦”还是“礼仪之邦”？

在语言学上有一个现象，叫作“积非成是”，指的是长期形成的语言错误，最后却被当作正确的。

中国艺术研究院原常务副院长、北京大学文学博士王能宪认为，“礼仪之邦”的使用，就已经到了积非成是的地步。根据他的研究，人们通常说的“礼仪之邦”都是错误的，“礼义之邦”才是正确的说法。

在这件事情上，王能宪挺较真儿，认为“此‘非’绝不可为‘是’”。这次，王能宪带着这个问题做客浙江人文大讲堂，向公众解释为何是“礼义之邦”而不是“礼仪之邦”。

一字之差，将影响人们对中华民族的认识

我到搜索引擎上去查“礼义之邦”这四个字，它跳出一行字：“你要找的是不是‘礼仪之邦’？”它认为我写错了。“礼义之邦”这个检索项下面，大概有几十万条结果，其中还有很多“礼仪之邦”混杂在里头。

可是当我输入“礼仪之邦”这四个字时，就有几百万个结果了。所以不止是大家都用错了，甚至连一些学者的著作都用错了。

“礼仪之邦”和“礼义之邦”虽然是一字之差，但二者格局之大小相差

万里，境界之高下何止天渊。如果长此以往，不仅谬误流传，还将影响到人们对中华民族及其传统文化的认识与评价。所以我认为这不是一个小问题，这一字之差，关系甚大。

“礼”和“义”都是儒家思想的重要概念，在中华民族的传统思想里面，特别是在儒家思想里面，地位非常之高。

在古代典籍当中，“礼”的含义非常丰富，有三层含义。第一是社会层面，这里“礼”的基本含义就是礼节的意思，相当于“礼仪”。第二是政治层面，就是治国平天下的含义，就是“礼法”。中国自古以来，治理国家，礼和法是结合在一起的。第三是道德层面，这是人的修养和立身的含义，就是“礼义”。

那“义”是什么呢？《中庸》说：“义者，宜也。”

刘熙《释名》中的解释，叫作“裁制事物，使合宜也”。就是做事处理问题恰到好处，就叫作“义”，也就是中庸之道。

根据杨伯峻先生《孟子译注》一书后面所附的《孟子词典》，《孟子》中涉及“义”的地方，一共有108处。最有名的就是这段话：“鱼，我所欲也，熊掌，亦我所欲也，二者不可得兼，舍鱼而取熊掌者也。生，亦我所欲也，义，亦我所欲也，二者不可得兼，舍生而取义者也。”

孟子把义看得很重要。生命是非常重要的，但是当生命与道义二者摆在你面前，舍生而取义，这是多么高的境界。

下面我来解释一下“仪”。《说文解字注》的作者段玉裁认为，“仪”是“义”的后起字，先有“义”，后来随着时代的发展，语言的表现力不够了，于是就增加了一个单立人，有了“仪”这个字。“义”和“仪”这两个字是古今字的关系，“义”是古字，“仪”是今字。

“仪”作为“义”的后起字，它的意义指向十分清楚而单一，即仪容风度，也就是具体的礼节、礼仪和仪式。比如古人见面要鞠躬、点头，也包括衣着的讲究、辞令的尊卑等。

“礼义”内涵丰富，“礼仪”指向单一

“礼义”作为一个词语，大大地丰富和提升了它分别作为单个词原有的内涵。这就如同“礼”和“乐”组合成一个词之后，它表示的是“礼乐制度”和“礼乐精神”，含义远远地超出“六艺”，也就是“礼、乐、射、御、书、数”中某一种技艺的内涵。

“礼义”所表示的含义，有“礼义廉耻”“礼义教化”“以礼治国”等内容，其内涵就比作为单个词的“礼”和“义”大大丰富了。

“礼义”连属成词也很早，在先秦典籍中就已广泛使用。比如我们很熟悉的《毛诗》序中就有这样的话：“变风发乎情，止乎礼义。发乎情，民之性也；止乎礼义，先王之泽也。”

《诗经·卫风·氓》的序中说：“礼义消亡，淫风大行。”

“礼义”这个词所表达的内涵丰富博大，几乎涵盖了儒家关于人伦、天道、政治、社会、文教、风俗诸多方面。所以礼义思想，就是儒家的思想；礼义的精神，就是儒家的精神。

《礼记》上说：“凡人之所以为人者，礼义也。”就把礼义看得非常重，非常高。人和动物区别在哪里？人之所以为人，要讲仁义、礼义，所以你才是人。你不讲仁义，与动物就没什么差别。

先秦以后，历代典籍中使用“礼义”一词非常多。朱熹在《朱子家训》里教育他的子弟：“诗书不可不读，礼义不可不知，子孙不可不教，童仆不可不恤。”要读书，要知书达礼，子孙后代要重视教育，甚至连家里的佣人、童仆都要给予体恤、关心。

“礼”和“仪”连属作为一个词，所表达的内涵，一般就是具体的礼节、礼貌或者礼仪活动、礼仪形式。

古书中也有很多例子，在先秦典籍当中，早就有礼仪这个词。《周

礼·春官、肆师》:“凡国之大事,治其礼仪,以佐宗伯。”

《汉书·礼乐志》里有:“汉兴,拨乱反正,日不暇给,犹命叔孙通制礼仪,以正君臣之位。”汉朝刚建立的时候,拨乱反正,日不暇给,在这种情况之下,皇帝还让叔孙通制定礼仪,以正君臣之位。

“礼义之邦”使用广泛、久远

下面我介绍一下“礼义之邦”在典籍中的几种用法,我这里归纳了有五种用法。

第一种就是称中华或者中土(亦称中原或者中州)为礼义之邦。

唐代房玄龄等所撰《晋书》中出现了两次“礼义之邦”,这可能是最早使用这一概念的典籍。这两次均出现在《晋书》“载记”中。其一出现在《载记第十四·苻坚下》:“西戎荒俗,非礼义之邦。羁縻之道,服而赦之,示以中国之威,导以王化之法,勿极武穷兵,过深残掠。”

史籍所载“礼义之邦”,多从外国使节口中道出,如《宋史》卷四百八十七《列传·高丽》:“惟王久慕华风,素怀明略,效忠纯之节,抚礼义之邦。”

第二种是称齐鲁等文明开化之地为礼义之邦。

宋代吕祖谦《东莱别集》卷十四《读书杂记》说:“鲁号为礼义之邦。”就是说齐鲁是我们早期文明开化之地。

宋人熊禾《勿轩集》中有一篇文章也讲到:“孔孟生而师道立,邹鲁为礼义之邦。”清代一部小说《侠义风月传》里面有这样一段话:“山东乃人物之地,礼义之邦,多生异人,莫若往彼一游,或有所遇。”

第三种用法就是称其他文化繁盛、民风淳厚之地为礼义之邦。

宋濂《文宪集》中有一篇文章,叫《八咏楼诗纪序》:“婺为礼义之邦,士君子世惇诗书,心存忠信。往往勇于自治而不暇责人,稍有寸善扬之惟恐不亟,况休文尝为民上者欤。古所谓居其邦不非其大夫者,独吾婺之为然欤！”

王守仁有一篇文章叫《送李柳州序》说：“故柳虽非中土，至其地者率多贤士，是以习与化移，而衣冠文物，蔚然为礼义之邦。”

第四种，古书当中也有称“礼义之国”“礼义之朝”“礼义之乡”者，这个邦和国是一个意思。

《汉书》卷一《高帝纪下》说：“楚地悉定，独鲁不下。汉王引天下兵欲屠之，为其守节礼义之国，乃持羽头示其父兄，鲁乃降。”

这是记载刘邦攻打鲁国不下，准备屠城。后来刘邦的部下跟他说，这是礼义之邦，不能烧杀抢掠。于是刘邦就把项羽的头举起来，鲁国便打开城门投降，免去了生灵涂炭之苦。

第五种，称邻国为礼义之邦。元代程文海所撰《雪楼集》其中有一文章有云：“东南海滨之国高句丽，古称诗书礼义之邦，奉佛尤谨。”

现在的朝鲜，古时叫高句丽，曾经是我们的藩属国。藩属国每年要到中国，向中国的皇帝述职，向中国纳贡。我们跟朝鲜的关系是非常特别的，所以说“东南海滨之国高句丽，古称诗书礼义之邦”，一定程度上就是在讲中国。

最后总结一下，“礼义”是中华优秀传统文化中一个内涵极为丰富、使用非常广泛的重要概念，也是中华民族精神特质和文化品格的重要组成部分。“礼义之邦”就是包涵了这些内容的常用的词汇。它的内涵和外延从古代延续到今天，没有任何变化，也不应有任何变化。

“礼仪”是“礼”的表现形式或者具体仪式，其含义明确而单一。“礼仪”包含在“礼义”之中，“礼义”的概念远大于“礼仪”的概念。如果说我们国家为“礼仪之邦”的话，就等于说“中国人只会打躬作揖”，这太狭小了。

在历代文献当中，“礼义之邦”的用例非常之多，而“礼仪之邦”在清代以前的典籍当中，我没有发现一例。

“义”和“仪”虽有通假和古今字的关联，但当其含义有了明确的分工之后，它们的意义范畴是非常清晰而不容混淆的。

所以综上所述，可以断言，礼仪之邦是完全错误的，应当废止。为了维护汉语的纯洁性，为了继承和弘扬中华民族优秀传统文化，应让“礼义之邦”魂兮归来。

整　理　张冰清
摄　影　尹炳炎
时　间　2015年11月24日
地　点　浙江人文大讲堂下沙讲堂

浙江人文大讲堂

荣维木

抗日战争史专家，中国社会科学院近代史研究所研究员，兼任中国抗日战争史学会秘书长。主要著作有：《炮火下的觉醒——卢沟桥事变》、《日本教科书问题评析》(合著)、《东亚三国的近现代史》(合著)、《抗日战争热点问题聚焦》(合著)等。发表论文五十余篇，其中《谁在制造谎言——评日本右翼的军国主义史观》，获中宣部第八届“五个一工程”理论文章入选奖。

抗战是中华民族复兴的枢纽

2015年5月20日下午，浙江人文大讲堂在杭州师范大学仓前校区开讲。

初夏已至，天气晴好，报告厅里偏偏没有空调，观众一边摇着纸和本子，一边听中国社科院研究员荣维木先生讲“抗日战争与中华民族的复兴”，那段硝烟弥漫的岁月听着如此惊心，居然都忘了热。

荣维木先生开篇就说，抗日战争对中华民族的历史非常重要，虽然这段时间在中国近代史占的时段并不长，但我们称它是“中国复兴的枢纽”。

复兴的内涵有三个：第一，抗日战争后中国有了独立主权。任何一个国家要复兴，要自立于世界民族之林，就必须有独立的完整的国家主权。第二，抗日战争对中国现代化进程有一个非常大的影响。在抗日战争中，我们积累了很多现代化因素。第三，抗日战争中进步力量得到了成长。说到底，进步力量的代表就是中国共产党。从抗日战争爆发时，红军才4万人，到1945年抗日战争结束时，解放军正规部队有93万人，还有200多万的地方武装。抗日战争结束以后，没过几年，共产党就战胜了国民党，建立了新中国。

抗战期间，中国废除了所有不平等条约

中国近代史的开端是鸦片战争。1840 年，中国被西方的炮舰打开了国门，从那时起，中国大国的地位就不存在了。鸦片战争结束后，中国和西方列强签订了很多不平等条约。这段历史对中国而言，是一个耻辱。

在晚清时，政府提出，要和西方列强废除不平等条约；辛亥革命后，北洋政府也在外交政策里要求废约；到了南京政府，也提出革命外交的一个重要方面就是废除不平等条约。这些行动都没有成功，最终半殖民地的形态也没有改变。

什么时候中国才取得了一个受国际社会尊重的独立主权国家地位呢？是在抗日战争时期。

战争期间，中国的国际地位急剧上升。1943 年，国内兴起了“废约运动”和“新约运动”，中国和西方列强废除所有不平等条约，建立了平等条约。中国从这个时候起，才恢复成了一个主权完整的独立国家。

不仅如此，中国在抗战时期国际地位的上升，还表现在很多方面。比如太平洋战争爆发后，成立了盟国中国战区。盟国战区成立后，紧接着反法西斯国家力量团结起来，要成立一个联合国。联合国成立的时候，中国是四大发起国之一，排名非常靠前，这在过去是不可想象的。

中国国际地位的上升、独立主权的获得，不是任何一个西方国家的恩赐，而是中华民族全体成员努力的结果。中国战场是世界反法西斯战争的东方主战场，中国抗日战争在世界反法西斯战争中起到了至关重要的作用。

在“二战”时期，法西斯国家是德、意、日。日本扩张有两个方向，一个叫“北进”，一个叫“南进”。日本是一个岛国，它既没有资源，也没有产品市场和资本市场，它要发展就要扩张。

日本和俄国以及后来的苏联矛盾一直特别深，“北进”政策主要针对的是苏联。由于中国抗日战争的爆发和坚持，日本这个政策没有得逞。1939 年有两个事件，一个是“张鼓峰”事件，一个是“诺门坎”事件，这两个事件发生时，日本企图向蒙古、苏联进攻，但是都失败了。同时也是因为中国抗日战争爆发牵制了很多日本兵力，日本无法向北面进攻苏联。

1941 年，法西斯德国进攻苏联时，强烈要求日本从东方出兵，也就是从中国东北出兵攻打苏联。日本内部开会也讨论过这个事情，认为是一个很好的机会，但是考虑再三，觉得不行，因为中国抗日战争对日本的力量进行了有效牵制。

所以苏联在整个抗日战争时期，是最早援助中国的国家，约资助 2.5 亿美元，美国是 6.2 亿美元。

再说“南进”。“南进”就是向太平洋地区扩张。那里资源特别丰富，有铁矿、有色金属矿、木材、橡胶等。“二战”爆发，日本非常高兴，觉得要实现“南进”的战略，但是考虑再三，也没有贸然行动。当时日本的兵力主要还是投在了中国，直到太平洋战争爆发，美国开始制裁日本，再不打的话，它恐怕就不行了。

所以说，中国的抗战既阻止了日本北进的计划，也延缓了它南进的时间，对世界反法西斯战争起了重大作用。

抗战的促进，中国开启独立现代化进程

为什么说抗日战争是中华民族复兴的枢纽？因为它和中国的现代化进程密切相关。

著名历史学家胡绳曾提出一个观点，中国在抗战前要建立一个现代化国家有两种情况：一种是帝国主义允许下的现代化，一种是独立自主的现代化。抗日战争让我们选择了后者。

有一种研究说，日本对中国的侵略，打断了中国的现代化进程，我个人理解打断的是前一种现代化进程。

继1937年"七七事变"后，日本很快就把中国的东南沿海地区占领。当时我们工业比较发达的地区就是东南沿海，1938年以后这些地区全部沦丧。这对中国是一个打击，对中国的原有现代化进程是一个极大的破坏。

后来有人做过一个战争损失的调查，有一个说法，当然这个说法我个人认为不是特别令人信服——直接损失1000亿美元，间接损失5000亿美元。

不管这个数字准确还是不准确，都说明一个问题，日本的侵略使中国遭受到了非常大的损失。

但从另一个角度看，我个人认为，在抗日战争时期，中国积累了独立自主现代化的资本，这个现代化是一个综合的现代化，包括我们讲的国家独立主权。任何一个现代化国家没有独立的国家主权都是不行的。

在政治方面，一个国家没有一个民主的现代化制度，它就不能称之为一个现代化国家。抗日战争时期，中国的民主化是空前的，共产党和其他党派都从非法变成了合法，可以讨论国事，可以参加议会，这样的民主制度是现代化一个不可缺少的条件。这正像毛泽东所说，中国的抗日是民主的抗日，如果没有民主，这个"日"就"抗"不下去了。

在经济方面，就是工业布局得到了更新，这个问题在现代化中非常重要。抗日战争爆发一年后，中原地区特别是大城市、工业化程度高的城市，都已被日本占领。在这种情况下，中国有了一个特别大的经济运动，叫"工业内迁"。

一直以来中国的工业布局是不合理的，东南沿海地区比较发达，交通便利，各种资源也多，包括教育水平也高，发展也快。

抗日战争爆发后，东南经济发达地区沦陷，为了保存力量，国内就掀起了工业内迁运动，很多工厂迁到西南和西北。

过去西南和西北地区是非常落后的，只有一些手工业，机器工业很少。抗日战争爆发后，西南地区有了机器工业，有了重工业，还包括资源的开发。像湘西地区，湖南、广西等地方，有色金属的开发就是从抗日战争时期开始的。

可以这样说，工业内迁使得中国的工业布局从过去的不合理变得合理，使中国现代工业区域猛烈扩大，一直影响到现在。

还有一个，在共产党领导的地区，抗战期间也有了现代化的积累，在生产关系方面有了一些变化，比如发放农贷、发展商业等一系列经济政策的制定和实施。抗战一开始，国民政府还给八路军、新四军一些物质上的支援，一年以后就完全没有了，你就自生自灭吧。共产党要生存、要作战，部队还要扩大，没有经济建设是不行的。根据地经济建设在 1940 年以后是一个中心任务。现有资料显示，在抗战期间，根据地的阶级成分构成发生了非常大的变化，垄断性的土地兼并没有发生，自耕农的比例上升了。这对一个农业国家来说是一种进步，也是现代化因素的积累。

抗战期间，中国进步力量变强了

中华民族复兴还需要一个重要条件，就是使进步力量不断成长，最终成为引领中国走上复兴之路的民族核心。抗日战争具备了这样的条件，使进步力量的代表中国共产党成为了中华民族的核心。

抗日战争之前，共产党的政治号召力是有限的。那时国民党实行非常严厉的一党专制，不允许共产党和其他党派有生存空间。虽说在井冈山、在江西、在长征路上可以一路宣传符合中国进步方向的理念宗旨和政治诉求，但受到环境的限制，这样的声音还很弱小，产生不了足以改变国家现状的实际影响。

抗战时期，这个情况发生了变化，因为抗战需要集合全民族力量，中国共产党和其他党派合法化了，还参加了最高国防会议和国民参政会，有了商讨国事的权利。

到了抗战后期，中国共产党的话语权到了什么地步？可以和国民党一争高下。中国以后走什么道路，是走新民主主义还是三民主义，可以公开论战了。这在抗战前是不可能出现的。

另外还有一点，就是军事条件，进步力量上升了，有了强大的武装力量。理念说得再好，武装力量没有，肯定是不行的。抗日战争之初，红军改编的时候是 4 万人，到了日本投降时，正规军已有 93 万人，还有 200 多万地方武装，这个力量是很大的。当时国民党部队也就 400 多万人。

为什么会出现这样的情况？这和当时的军事环境相关。

中日战争有一个特点，是毛泽东在《论持久战》中总结的，就是敌强我弱，但敌寡我众。敌强我弱，使得中国抗战不可能速胜；敌寡我众，令日本也不可能速胜。淞沪会战打了三个月，中国没有屈服；武汉会战这么大规模的战役，中国还没有屈服。在这种情况下，共产党就有了军事发展空间、敌后发展空间。

共产党发展有一个很大的特点，就是将发展武装力量和建立根据地联系在一起，叫"武装割据"。抗战时期，发展根据地是一个非常重要的战略。中共七大时，毛泽东在《论联合政府》报告里提到，中国的抗战路线是什么？是"放手发动群众，壮大人民力量。在我党的领导下，打败侵略者，建设新中国"。

其结果是，中共武装力量得到了大发展，并建立了拥有 1 亿人口和 100 万平方公里的根据地。尽管直到抗战结束，与国民党相比，共产党物质力量仍然不占优势，但取代国民党成为中国主导核心的趋势已见端倪。

这里有一个备受关注的问题应该提出来加以说明，就是抗战期间国共两党力量此消彼长的原因。

有一种说法是，共产党避开了抗日主战场，利用战争发展了自己。

我的看法是：第一，在不同抗日阶段，正面与敌后两个战场的作用不同，如果不是从作战规模，而是从战略意义上考察，两个战场并无主次之分；第二，共产党没有讳言在战争中发展自己，“放手发动群众，壮大人民力量”是共产党贯穿战争始终的路线。同时国民党也没有掩饰对中共发展的限制。美国《纽约时代》曾报道，国民党的好多部队没有用在打日本上，而是用在了监视共产党根据地上。

抗战后，国共两党力量此消彼长的原因，更多要从政治方面加以考察。这样的考察在战争还在进行的时候就已经有过。关于共产党的政治气象，斯诺、黄炎培以及美军观察组成员，都曾给过极高评价。而关于国民党的政治气象，豫湘桂战役后，无论中外都有诸多负面评价。

结论正如有人所说：这些情况使国民党在 1945 年日本投降后几乎无法同共产党竞争。

整　理　王玲瑛
摄　影　尹炳炎
时　间　2015 年 5 月 20 日
地　点　杭州师范大学仓前校区

浙　江　人　文　大　讲　堂

叶　辛

原名叶承熹。中国著名作家，中国作家协会副主席，上海市作家协会副主席、上海市文联副主席，上海市人大常委、上海社科院文学研究所所长、上海大学文学院院长、复旦大学中文系教授、全国青联常委。1949 年 10 月出生于上海。1969 年去贵州“插队”，在乡间待了十年。1977 年发表处女作《高高的苗岭》。此后出版著作有：长篇小说《蹉跎岁月》《家教》《孽债》等。根据长篇小说《蹉跎岁月》《家教》《孽债》由其本人改编的电视连续剧，均在国内引起轰动。电视剧文学本《风云际会宋耀如》荣获“金狮荣誉奖”。1985 年被评为全国优秀文艺工作者，并荣获全国首届五一劳动奖章；曾任第六届、第七届全国人大代表。

我的知青生涯和文学创作

1968年12月21日，毛泽东发出最高指示：知识青年到农村去，接受贫下中农再教育，很有必要。

在无可辩驳的行为准则的指引下，2000万年轻人的命运被改变。

如今的年轻人，除了在历史课本上看到寥寥数语的记录之外，对这场历时数十年的运动，对数千万人的知青生活，并不熟悉。

出生于1949年的作家叶辛，是1969年的知青，作为知青文学最具代表性的作家之一，他一直用一支笔关注着、记录着这一代人跌宕起伏的人生际遇。

本期浙江人文大讲堂，叶辛在浙江工商大学，和"90后"大学生们分享他的知青生涯和文学创作。

我们都是上山下乡的一辈人

知青生涯对我来说，是难以忘怀的，碰到像我这个年龄，或者比我大一点、稍微小一点的人，几乎都有知青生涯。

我在全国青年联合会的时候，有一次李克强总理来，当时他是全国青联副主席。他跟我说："我也有知青生涯，我是1975年的知青，对你这个年龄来说，我是小知青了。”

1976年，“四人帮”被打倒了，1977年恢复高考，这以后就没有“上山下乡”这回事了，知青这个名词也成为了历史，所以李克强说他是“小知青”。

2015年10月15日，中央召开文艺座谈会，我发言的题目是“捕捉时代的新意”，讲了写作《蹉跎岁月》《孽债》和新近创作《问世间情》背后的故事，我所有的写作都和十年插队生涯有着密不可分的关系。

在我发完言之后，习近平总书记说：“我和叶辛都是上山下乡的一辈，你说的我非常理解，你是在南方的贵州，我是在陕北的黄土高原，写这些才是有意义的。”

对我们这代人来说，知青生涯是难以忘怀的。这代人，现在很多已经成为知名的学者、教授，省级干部中大概50%的人有过这段经历。碰到这些人，他不会说自己在哪里做出过什么成就，他会很自然地跟我说起在哪里当过知青。这段岁月，对我们来说都是难以忘怀的。

我们这代人：岁月蹉跎志犹存

对于我成为一个小说家来说，知青生涯都是很重要的。今天我想结合我的知青生涯和大家谈谈我两部作品的创作经历。

其中一部作品是《蹉跎岁月》，从1980年在《收获》杂志发表到现在，已经35年了。《蹉跎岁月》发表那年，《收获》杂志印了110万份，是有史以来印数最多的一期。

这部小说，和一个故事有关。1979年我到北京，参加中国长篇小说创作座谈会，会上大家围绕“社会主义现实主义的文学能不能写悲剧”进行了长达一天半的讨论，最后也没争出个结果来。后来，湖南的一个作家站了出来，他说：“我来讲一个故事，你们看看，这个生活当中真实的故事，是不是悲剧。”

大家也累了，就听他讲故事——“文革”期间，他到湘西当知青的带队干部，故事就发生在那几年里。

北京来的“黑帮”儿子，被下放到农村放羊，遇到同样被下放到当地放鸭子的“历史反革命”的女儿。同样被外界孤立的两人开始相恋，6年间感情稳定。1976年“黑帮”的儿子因为父亲平反被调回北京，女孩因为父亲是“历史反革命”无法平反。离开湖南前，男孩承诺帮女孩回城相聚，但终究因为她的家庭成分没能兑现诺言，女孩收到男孩来信后投河自杀。

他讲完这个故事之后，全场鸦雀无声，会议暂停休息，我回到房间在笔记本上写了一句话：今天所说的有关知青的故事，我可以把它写成一部长篇小说，我要把它的结局写好。这就是《蹉跎岁月》的故事雏形。

上山下乡影响了知青们一生的命运：当时我们举着红旗、戴着大红花，插队落户；十年后我们回来了，灰头土脸，没有工作，给城市添加了很多负担。“文革”期间，上海有110万人响应号召去插队落户，后来这110万人回来了，男男女女都没有工作，在家里吃“老米饭”，也被城市嫌弃。

上山下乡影响了知青们一生的命运，在农村的十年岁月是怎么过来的？他们的故事不能看作仅仅是那几年的事情，而是整个人生。我想通过我的小说告诉今天城市里的读者。

我们知青这代人，十年青春，蹉跎岁月。当时我经常用“岁月蹉跎志犹存”自勉，所以就用它做了书名。

蹉跎岁月之后的孽债

1979年10月31日，我调到贵州省作家协会，后来写了另一部长篇小说《孽债》。

“美丽的西双版纳，留不住我的爸爸，上海那么大，哪里有我的家？”这部小说后来也被改编成电视剧，这首歌就是电视剧的片尾曲。

《孽债》说的是一群来自西双版纳的孩子到上海来找父母的故事，他们的父母当年是插队落户云南的上海知青，如今已经有了全新的城市生活，突如其来的孩子，迫使每个人对生活开始新的思考。

《孽债》的故事，也和我经历的有关。

1969 年到贵州砂锅寨插队落户的上海知青，一共有 60 个，后来招工、招生，大家都陆续走了，我是第 59 个离开的。迁户口的时候，民政干事跟我说现在只剩下了一个小丁，她嫁给了当地农民，按照知青返城政策，已婚知青不能返城。

那天，我回老乡家里拿行李，离开寨子的时候碰到了小丁，她手里牵着一个五六岁的娃娃，笑嘻嘻地对我说“祝贺你”。我看着她肚子又大了，问她“你怎么办”。这句话一说，她整个脸都阴沉下来，说了一句“我也要走的”。

跟她挥手告别的一瞬间，我脑子里闪现一个念头：这个五六岁的娃娃，还有她肚子里的孩子如果生下来，长大之后会跟她妈妈之间有点什么样的故事呢？

我写《孽债》最初的原因就是这个，关注知青们的下一代。

20 世纪 80 年代开始，不断有类似的故事冒出来，1989 年我到昆明参加一个会议，听云南大学的一位老师讲起一个故事。

这位老师是云南大学民俗研究所的所长，他带着学生去西双版纳采风，住在一个普通的招待所里，碰到一个女同志，穿着端正，一看就是外地人，每天傻呵呵地站在大门口。一问才知道，她是北京知青，到西双版纳来插队，嫁给了一个傣族汉子。恢复高考后，她考上了北师大，离了婚，离开丈夫孩子到北京去了。

这次她来西双版纳找前夫和儿子。一个乡一个乡找过来，找不到，就住到市中心的招待所，指望着每天傍晚人最多的时候，走在街头能碰见孩子或者前夫。

在此之前，我已经积累了大量的知青故事，但听到这个故事之后，我决定要写了，小说名字就叫《孽债》。十年动乱给中国带来很大戕害，蹉跎岁月给整整一代人也造成很大戕害，带来很多还没有还清的债。

用作品呈现历史、警示后人

在写《蹉跎岁月》这部长篇小说时，我有三个想法：一是想通过这部小说表达我们这一代人的思想；二是想写出不同知识青年的不同命运；三是这段岁月虽然过去了，但希望我们能正视并认真对待，汲取教训留给后人。

对于此，我自己有件亲身经历的事情。我们公社有位知识青年，表现非常好。当时，每天的劳动有一项工作是做砖坯，像我这样的劳力，一天从早干到黑能打 80 块砖，一般农村劳动力能打 300 多块，300 多块可以得 12 个工分，而这位青年一个人从早到晚能打 600 多块，说明他是非常用心地在做事。

每次厂矿招工人，我们大队书记都会把他推荐到公社，但每次到县里就会被退回来，前后退了 3 次。后来，大队支书不服气，带他到县知青办问个究竟，得到的回复是因为他家庭出身不好。这让这位青年很压抑苦闷，一天要抽两包烟，搞得手指都熏成了蜡黄色。

对当年那段知青岁月的回忆，有人说青春无悔，有人说青春有悔，还有说整个青春都荒废了的。这些，我都能够理解，而且我觉得都特别真实。当年知青大约有两千万人，怎么可能要求这两千万人对这个问题有一个共同的看法？但在那段艰苦的生活里，每一个人都有一个共同的认识：就是要生存下去，这是对这一代人的磨炼。

经历过那段岁月的人，无论后来从事了什么职业，在遇到困难的时候，我相信都能够坚强地面对。

我前后写了十本和知青有关的书。2008年，天津白话文出版社出版发行了《叶辛知青作品总集》。知青这段岁月虽然过去，但是我想让下一代人知道我们曾经走过这样的弯路，这也是我这么多年来一直以“知青”为题材进行创作的初衷。

整　理　丁颖鹃
摄　影　尹炳炎
时　间　2015年5月23日
地　点　浙江工商大学下沙校区报告厅

浙　江　人　文　大　讲　堂

郁建兴

浙江大学公共管理学院常务副院长、教授、博导，现任教育部长江学者特聘教授，享受国务院特殊津贴。曾任英国爱丁堡大学、美国亚利桑那州立大学、德国杜伊斯堡大学访问教授；兼任《中国行政管理》《公共行政》《体制改革》等期刊编委。主要研究领域为地方政府、社会组织与社会治理等。主持国家社科基金、国家自然科学基金项目 7 项；教育部、浙江省社科基金项目 10 余项。出版专著《服务型政府》《让社会运转起来》等 15 部；国内外刊物发表专业论文 100 余篇；并多次获得教育部和浙江省社科优秀成果一等奖。在养老保障、社会治理创新、土地制度改革、公立医院改制、环境能源治理等领域的 10 余项政策倡导报告，获得温家宝、张德江、赵洪祝、夏宝龙等国家和省部领导人的批示，一些政策建议已经转化为实际政策。在《人民日报》《光明日报》《学习时报》《南方周末》等主流纸媒发表整版文章 10 余次，在央视、新华社视频、浙江卫视等 10 余家主流电视媒体接受过专访和采访。

社会治理的新常态

新常态这一“习式热词”自2014年被提出以来，在很多场合都被应用并逐步得到系统化。那么，社会治理领域的新常态具有怎样的特征？政府又应当怎样在其中发挥作用呢？2015年5月24日，浙江大学公共管理学院常务副院长、教授郁建兴在浙江图书馆报告厅就此做了一场精彩的讲座。

郁建兴教授认为，“新常态”意味着我国经济社会发展进入新阶段，“新常态”下经济社会发展战略应致力于政府——市场关系、国家——社会关系的调整和再出发，实现从投资主导到改革推动、从社会管控到社会治理、从数量发展到质量发展的转变。法治则作为改革的重要保障贯穿始终，实现其作为管治工具到规则意识的转变。

美国学者约翰·奈斯比特在1982年出版的《大趋势》里说过，一个词如果被反复地使用，就会成为一种大趋势。在当下，这个词就是“新常态”。习近平总书记2014年5月在视察河南时第一次使用了“新常态”这个词。此后，众多评论员纷纷就经济新常态进行讨论，甚至提出了一个新词——“Pinormal”，即“习近平常态”。

“新常态”首先是用来指称中国经济的。我今天的演讲试图提出社会治理的新常态概念，它包括两个方面：经济新常态对于社会治理会产生怎样的影响？社会治理需要确立怎样的新常态？如果经济发展走上了新常态之路，而社会治理领域仍然是旧常态，那么社会发展就会与经济发展相脱节。同时，也要确立社会治理的新常态，防止把一些权宜之计固化为新常态。

经济新常态"新"在哪里

大家知道，经济新常态的核心特征在于三个方面：一是增速换挡，经济从高速增长转换为中高速增长；二是经济结构不断优化；三是动力更新，经济增长从要素驱动、投资驱动转向创新驱动。这里的第一个特征已然变成现实；后面两个特征，归结起来就是说经济增长的质量和效益的提高，这在目前并没有完全变成现实。因此，吴敬琏教授在浙江大学公共管理学院演讲时说，不能简单说中国经济已经进入新常态，而应该说要努力确立中国经济的新常态。如果经济质量和效益没有得到提高和改善，那么经济增速的下行就是坏事。经济新常态的核心在于后面两个特征。

相应地，经济新常态概念的提出，意味着必须超越已有的经济发展模式。以后，我们不能再以过高的 GDP 增长作为政府工作目标，不能再用扩张性的财政和货币政策维持过高的 GDP 增长，而要依靠改革和创新来推动经济增长。

那么，超越已有经济发展模式、努力确立经济新常态的进程，将会对社会治理产生怎样的影响呢？

经济新常态对社会治理的影响

首先，经济新常态前所未有地凸显出了社会治理创新在全面建设小康社会总体布局中的重要性和紧迫性。

改革开放后，随着经济建设中心地位、首要地位的确立与巩固，我国逐渐发展成为一种学者们所谓的“发展型国家”。它在我国经济社会发展中发挥了重要的积极作用，同时也造成了诸多经济、社会与环境问题，特别是较少对社会领域做出承诺，使我们付出了严重的社会代价。

党的十七大确立了“社会建设”在全面建设小康社会中的重要地位，要求在经济发展的基础上，更加注重社会建设。十八大明确了“五位一体”的中国特色社会主义道路总体布局，社会建设与经济建设、政治建设、文化建设、生态文明建设并列，构成了中国特色社会主义现代化建设的总目标。十八届三中全会第一次把“社会管理”改成“社会治理”，强调多元社会主体合作共治；十八届四中全会提出“全面依法治国”，强调社会治理的制度化、法治化。这些关于社会建设、社会治理的新定位、新内涵，前所未有地凸显出了社会治理创新在全面建设小康社会总体布局中的重要性和紧迫性。

其次，经济新常态提供了超越发展型国家、消化原有发展模式产生的严重社会后果的新机遇。

在已有发展模式中，经济增长在政府绩效、官员考核中占据很大比重。在经济新常态下，我们将不再以过高的 GDP 增长作为政府工作目标。习近平总书记多次指出，要改进党政干部的考核方法手段，“既看发展又看基础，既看显绩又看潜绩，把民生改善、社会进步、生态效益等指标和实绩作为重要考核内容，再也不能简单以国内生产总值增长率来论英雄了”。2013 年，中组部印发《关于改进地方党政领导班子和领导干部政绩考核工作的通知》，规定今后不能只把 GDP 和增长率作为政绩评价的主要指标。

再次，经济新常态提供了社会治理创新的有利条件。

经济新常态为社会治理创新提供了很多新条件。以“互联网＋”为例，我国社会组织数量和作用发挥相对较少、较弱，互联网特别是移动互联网的迅猛发展给社会组织发展提供了历史性的机遇。2014 年底，我国在民政部门登记注册的社会组织共 60 万家，而腾讯微信群可能有 125 万个，是线下登记注册社会组织总量的 2 倍；QQ 群可能超过 200 万个，是线下登记注册社会组织总量的 3 倍多。相似的，“互联网＋医疗”“互联网＋教育”“互联网＋交通”“互联网＋政务”等，都将催生社会治理创新。而且，相比于以往基于抽样数据、局部数据、片面数据的治理，大数据、云计算时代可望实现全面治理、微治理。

最后，经济新常态产生的新问题迫切需要社会治理创新。

这方面的新挑战是很多的。比如，在经济发展、财政收入增速趋缓的形势下，如何保证民生领域投入？过去十多年，我国在保障和改善民生方面做了大量工作，取得了显著效应。但也存在一些问题，比如政府对民生承诺过多、过高。如果经济和财政收入一直高增长，这些过多、过高的承诺还有可能履行。但 2014 年，我国 GDP 增速为 7.4％，创 24 年来新低；财政收入增长 8.6％，创 23 年来新低，也是 23 年来首次跌破两位数。毫无疑问，这意味着民生支出不会像以前那样狂飙式增长。如果经济增长的质量和效益提升、改善较慢，那对民生领域更是雪上加霜。

进一步说，经济发展质量和效益的提升、改善，也有可能引发社会问题，比如产能转移带来的就业压力。唐山市是“钢都”，钢铁产能严重过剩，如果调整结构，压掉 2000 万—3000 万吨产能，就可能直接、间接影响 20 万人的就业。再比如说，我们正致力于以创新驱动经济发展，但创新常常是颠覆性的。液晶电视的出现对显像管生产厂家就是一个毁灭性的打击，影碟光盘的出现摧毁了录像机行业，照相机数码化摧毁了胶卷行业。滴滴、快的、优步的出现极大地冲击了出租车管理体制。这些新挑战迫切需要我们予以应对。

社会治理创新必须超越管控维稳模式

社会治理不仅要与经济新常态相匹配，它自身也需要新常态。如同确立经济新常态必须超越已有经济发展模式，确立社会治理的新常态必须超越已有的管控维稳模式。

十八届三中全会将“社会管理”改称为“社会治理”，一字之差，体现了在理念、目标、主体、手段与过程上的本质差异。与传统社会管理相比，社会治理的逻辑是以政府为主导、以法治为根本、通过多方参与和协商互动，寻求社会事务的“善治”。

但是，超越管控维稳模式障碍重重。

第一个障碍，政府理念尚未根本转变。长期以来，政府具有包揽一切事务的强烈冲动。就像亲子关系中，孩子吃饭时，饭粒洒一桌子一地，家长说：“算了，我来喂你好了。”政府也一样，社会组织运行有缺陷时就说，“算了，我来做”。相反，作为对政府包揽的反面，政府可能会让社会领域、社会主体自生自灭。上述两者都不是正确的观念。

第二个障碍，政府职能转移不到位，社会主体缺乏成长空间。最近，桔子水晶酒店集团的CEO吴海在网上发表了写给总理的5000字长信《做企业这么多年，我太憋屈了！》，痛陈中小企业在经营过程中遭受的来自基层政府部门的种种不公正待遇。相比较而言，社会主体的成长空间更小。

第三个障碍，基层政府缺乏自身运行的机制。基层政府人事编制权、财权与事权严重不对称，造成处理社会问题的能力不足。学者们原来有一个假设：对基层政府来讲，应该整天盼望着高层级政府下放权力。我们经过调研后发现，基层政府并不盼望高层级政府下放权力。因为高层级政府很可能只放事权，不放财权，也不放人事编制权，导致基层政府的资源严重不足。

第四个障碍，完整的法治框架和手段难以落实。政府长期依赖行政手段，追求管控的短期效应。

落后和差距，意味着社会治理的潜力和增长空间

努力确立社会治理的新常态，就是要消除上述障碍和落后之处。从经济学角度看，落后和差距意味着潜力和增长空间，说明我们在社会治理领域可以大有作为。

第一，要转变理念，构建网络。

如同已有经济发展模式很难超越一样，管控维稳模式也非常难以超越，在一些地方，在一些时候，这种模式还有可能被强化。因此，致力于社会治理创新，将法治奉为社会治理的圭臬，就要确立多元参与、协商审议、合作共治的网络体系。政府要像着力于发现、确认、培育市场机制一样，着力于发现、确认、培育社会机制，发挥社会机制在社会治理中的基础作用。什么是社会机制？你看看浙江电视台民生频道的《钱塘老娘舅》节目，就会知道有社会机制的存在，有可以不通过市场和政府就能够解决问题的机制。

第二，要厘清政府与社会的边界，释放空间。

李克强在就任总理时举行的记者招待会上说，政府转变职能就是要厘清和理顺政府与市场、与社会之间的关系。市场能办的，多放给市场。社会可以做好的，就交给社会。

这一理解实现了政府与市场、社会关系上的“哥白尼式革命”。以往我们最多把市场、社会看成是政府必不可少的重要补充机制，认为市场、社会可以承接一些政府做不到、做不好或不便去做的事情，而在李总理那里，政府才是市场和社会的补充机制。简单地说，哪里需要政府？市场和

社会做不到、做不好、做不了的地方才需要。这是我们今天讨论政府与市场、社会关系的最基本原则。在这个意义上，政府必须给社会释放出空间，特别是要正确认识社会组织的地位和作用。

第三，要素下沉，权责匹配。

基层是社会问题、矛盾纠纷的易发地、多发地，同时也是化解矛盾、源头治理的重要场所。社会治理的重点是基层社会治理，社会治理创新的重点是基层社会治理创新。

习近平总书记指出，社会治理的重心在城乡社区，关键是体制创新，要尽可能把资源、服务、管理放到基层，使基层有职有权有物，更好地为群众提供精准、有效的服务和管理。我们要深入领会习总书记的这番话，理顺基层和上级政府的权责关系。继而将人事编制权、事权、财权尽可能地下沉到基层，使基层更有能力、更有实效地加强和创新社会治理。

第四，三治合一，内源生长。

所谓"三治"是指德治、法治、自治，"三治合一"就是"以德治为基础，以法治为保障，以自治为目标"。通过法治与德治的相互支撑和配合，促进社会融合，达成社会认同，维系社会秩序；将政府治理与社会自治结合起来，在社会各方的广泛参与中，以群众参政议政的方式，对接政府决策与社会民意，共同解决社会问题，管理社会事务。这是桐乡市最早提出来的，现在已变成全省基层社会治理创新的一个经验。

整　理　章咪佳
摄　影　尹炳炎
时　间　2015年5月24日
地　点　浙江图书馆二楼报告厅

浙 江 人 文 大 讲 堂

林 嘉

中国人民大学法学院教授、博导，法学博士。现任中国人民大学法学院党委书记兼副院长，中国人民大学劳动法和社会保障法研究所所长。中国法学会理事，中国法学会学术委员会委员，中国社会法学研究会常务副会长。中央“五五”“六五”普法讲师团成员，中华全国总工会法律顾问委员会委员，人力资源和社会保障部首届专家咨询委员会委员。2005 年为第十届全国人大常委会做题为《我国的劳动法律制度》的法律讲座。主要研究领域：劳动法和社会保障法、民商法。发表和出版了多部、多篇有影响力的著作和论文，并多次获得国家级、省部级奖励；主编多部劳动法和社会保障法方面的国家级规划教材，主持国家社科基金、教育部基地重大课题、司法部、中国法学会等多项项目。

《劳动合同法》的热点问题

一纸文书，一个签名，就决定了你的权益和未来。不光是刚毕业的大学生，很多人工作十几年，都还没有搞清楚劳动合同中的相关问题。因此，林嘉教授的讲座就显得十分有必要。

大学生实习，是否构成劳动关系

《劳动合同法》保护的是广大劳动者的利益，那么，哪些人群才是《劳动合同法》中所指的“劳动者”呢？大家会想，凡是有劳动关系当然就应该适用了，但事实并非如此。

《劳动合同法》适用范围是有限定的。首先，企业必须适用，凡是企业的劳动者必须适用。除此以外，国家机关公务员、军人、农民、家庭保姆，这类人该如何适用呢?

根据《劳动合同法》规定：国家机关、事业单位、社会团体和与其建立劳动关系的劳动者，订立、履行、变更解除或者终止劳动合同，依照本法执行。不过，公务员的招聘、录用、退休等都有一套专门的办法，所以公务员是不适用《劳动合同法》的。

事业单位适用《劳动合同法》，但是如果对事业单位有专门规定的，适用专门规定，没有专门规定可以适用《劳动合同法》。

法律是这么规定的，但是具体实施起来也有很多问题，比如退休之后又被单位返聘，这种情况算不算劳动关系？

过去这个问题也是有争议的，前两年最高人民法院做出了这样的司法解释：用人单位与其招用的已经依法享受养老保险待遇或领取退休金的人员发生用工争议，向人民法院提起诉讼的，人民法院应当按劳务关系处理。

从理论上来说，我认为这其中有很多不合理之处，比如工伤出现了以后怎么办？退休了，年龄过了，就不能拿到工伤待遇，合理吗？虽然不算劳动关系，但工作性质还是一样的，我觉得应该给予一种灵活的态度，单位应该承担工伤的结果。

关于"劳动者"的适用范围，还涉及实习的问题，大学生实习时跟实习单位的关系算不算劳动关系？

举个例子，19岁的小李是某医药高级技工学校的二年级学生。前段时间，在校方的统一安排下，她和其他十几名同学来到一家药业公司实习，从事药品包装工作。实习了两个月后，小李开始感到身体不适，去医院做检查被确诊为"汞中毒并肾损害"。尽管已被确认，小李是在实习期间因工作原因患上这一重病的，但当小李向实习单位提出工伤赔偿请求时，却被告知她不是公司的正式职工，所以不构成工伤，公司没有义务赔偿。

还有一种顶岗实习的情况，虽然不算正式就业，但一些基本的劳动保护的规定应当适用，比如工作时间、最低工资标准、劳动保护、工伤治疗等，否则对这部分人群不利，也容易让企业钻空子。

签合同时隐瞒婚史，是否构成欺诈

下一个问题，怎么签订劳动合同。

劳动合同怎么签，该不该签？实际上，按照法律规定，用人单位自用工之日起，即与劳动者建立劳动关系，所以劳动关系和劳动合同是可以分离的。

当然，法律特别强调要签订书面合同。法律规定，建立劳动关系要签书面合同，而且要自用工之日起一个月内签订。如果一个月后才签订，按照法律规定，单位自用工之日起超过一个月，不满一年，没有和劳动者签订书面劳动合同，要向劳动者每月支付双倍的工资。

如果单位告诉你现在是试用期，所以不用签合同，这个做法是违法的。不管是试用期还是非试用期，不签合同从第二个月起就要付双倍工资；如果工作后一直没有签订书面劳动合同，那么从第二年开始，就可以变为无固定期限合同，只要单位存在，劳动者就可以保留这个工作，除非出现依法解除劳动合同的情形。

关于招工录用中的歧视问题，这是《就业促进法》特别强调的：不因民族、种族、性别、宗教信仰不同而受歧视。具体实践中性别歧视非常突出。现在有些国家就规定，休产假男女必须同时休，这样招工的时候就不会特别强调性别了。

还有一个特别重要的，传染病病原的携带者，比如乙肝、艾滋病毒携带者的就业问题。2007 年的法律明确规定，不能以携带传染病病原为由拒绝录用。这几年，人社部、教育部等也做出规定，入学、就业、体检都不能查乙肝。这是一个进步，当然在这个问题上，观念、制度上都还需要有更多的突破。

关于订立劳动合同，还有一个告知说明义务：用人单位要如实告知工作情况、工作内容等，劳动者也要如实说明与劳动合同直接相关的内容。如果劳动者隐瞒，会不会构成欺诈？如果是欺诈，合同还有效吗？

29 岁张女士，已婚，但入职时在“婚否”一栏中填写了“未婚”。转正后发现自己意外怀孕并有先兆流产现象，于是向公司请假。公司以入职时提交的资料与事实不符为由，根据合同单方解约。

双方就劳动争议仲裁，隐瞒结婚的事实是不是属于欺骗？类似问题法院不能轻易说单位的做法是对的。因为生育权、自由婚姻权是《宪法》规定的基本人权问题，不会因为在婚否一栏没有写明就认为构成欺骗，所以类似这样的案件，单位最后很难胜诉。

某公司“辞职门”是否钻法律空子

劳动合同，分为固定期限劳动合同、无固定期限劳动合同以及以完成一定工作为期限的劳动合同。现在争议比较大的是《劳动法》十四条里关于无固定期限的规定：

《劳动合同法》第十四条内容如下：用人单位与劳动者协商一致，可以订立无固定期限劳动合同。有下列情形之一，劳动者提出或者同意续订、订立劳动合同的，除劳动者提出订立固定期限劳动合同外，应当订立无固定期限劳动合同：

（一）劳动者在该用人单位连续工作满十年的；

（二）用人单位初次实行劳动合同制度或者国有企业改制重新订立劳动合同时，劳动者在该用人单位连续工作满十年且距法定退休年龄不足十年的；

（三）连续订立二次固定期限劳动合同，且劳动者没有本法第三十九条和第四十条第一项、第二项规定的情形，续订劳动合同的。

十年工作时间签无固定期限合同，这个规定一直都有，但是签两次固定期限即变无固定，这是新法做出的规定。这个规定一出来，很多企业都出现了劝退雇员的情况，其中一家著名企业在2007年曾要求所有员工都要先后办理主动辞职手续，再与公司签订1—3年合同。

虽然公司对外表示该行为与《劳动合同法》无关，但各界都认为是针对2008年1月生效的《劳动合同法》新规来的:合同终止了,劳动合同期限得重新计算,这样就规避了十年的无固定合同期限。

其实,企业对"无固定期限"劳动合同的理解还不准确——这并不是说不能解雇员工了,企业也可以解雇,但必须符合法律的要求和规定。

国家之所以强调无固定期限,是希望将其作为一种常态而非特例来对待,希望实现劳动关系的稳定,这样就能确保国家基本秩序的稳定。

一个劳动者,把精力最好的年华贡献给了企业,等到四五十岁了让他再去和20多岁的年轻人PK,谁的机会更多呢?应该让这些人在企业里稳定下来,这也是国家稳定的一个重要意义。从这个意义上来说,国家不希望企业随意解雇劳动者,希望通过更多的方式把劳动关系转为无固定期限聘用。

企业规定见习期,跟试用期有区别吗

单位跟员工签订合同的时候,通常都要求签一个试用期协议,但试用期的年限是有限制的:比如合同期3个月不满1年的,试用期可以是1个月;合同期1年不满3年的,试用期可以是2个月;合同期是3年或者无固定期限的,试用期6个月。如此规定,是为了限制企业利用试用期对员工做出不利的规定。

试用期可能遇到很多问题,比如试用期和大学生毕业的见习期,如果是企业,应该适用试用期,不应再沿用过去的大学毕业生见习期一年的制度,当然,机关事业单位招聘编制内职工除外。试用期也是正式建立了劳动关系,因此,企业也应当为员工缴纳社会保险。

签约之后,如果提前离职,违约金怎么算?

违约金不能乱订,法律规定不能超过单位付出的培训费用,而且要分摊。比如培训费花了10万,服务期是5年,已经工作了2年,这种情况要把 10 万元培训费分摊开，每年 2 万，所以最后可能要给单位 6 万元。

离职还可能涉及保密义务和竞业限制。竞业限制是一种约定业务，双方没有这样的条款是没有效力的，但竞业限制是否要以经济补偿金为生效要件呢？

2008 年 11 月 6 日，深圳某公司把一批员工告上法庭，原因是这些员工违反竞业限制义务。当初签订的劳动合同中有一项竞业限制约定，规定离职员工在 2 年内不得加盟其他与该公司有竞争关系的企业，但相关员工认为某公司未支付竞业限制的经济补偿，因此，该协议并不成立。

目前司法实践中，并不以经济补偿金的支付作为竞业限制条款生效的条件。当然，你限制人家的就业权，限制他到相关的企业工作，就要给出补偿。所以，如果员工跟企业签竞业限制条款，应当明确一下补偿金的数额。

25 岁以前不能结婚，这样的规章制度合法吗

企业有很多规章制度来管理员工，但什么样的规章制度可以作为判案的依据？双方发生争议以后，拿什么作为依据？

某企业的员工手册里规定：25 岁以前不能结婚，未经同意不得享受休假，否则因此而造成的缺勤将被视为旷工。这样的规定合法吗？

最高法院在 2001 年出过一个规定，规章制度有效的基本依据包括三个条件：第一，通过民主程序制定；第二，不违反法律、行政法规以及相关政策；第三，向劳动者公示。满足三个条件就是有效的规章制度。这个案例里，公司对员工的结婚、生育做出限制，显然跟现行的法律、行政法规是冲突的。

陈某系某食品公司新晋员工，入职时因正值公司生产旺季，公司并未对其进行岗前培训。某日，陈某下班时被保卫扣下，称其所携带手提包超

出公司规定尺寸,按公司规章制度应处以500元罚款。陈某不服,强行冲出保卫室,第二天,他被告知其严重违反公司规章制度,已被开除。陈某不服,诉至当地劳动争议仲裁院。

规章制度必须要公示,并要告知员工,且单位要举证,如果不能举证证明已经告知员工,就要承担后果。在这个案子里,陈某没有经过岗前培训,也没有员工手册,相当于企业没有尽到告知义务,所以要承担责任。

有的企业还有一种末位淘汰的规定:通过考核,排名最后的一两人就被淘汰。这样的做法可不可以作为一个有效的规章制度?这个问题也有过很大的争论。末位不一定就是不合格,简单的末位淘汰是不行的,还是要看员工是否完成了工作,是否符合解雇条件,结合起来看才能更好地判断。

劳务派遣能否实现"同工同酬"

《劳动合同法》实施之前,我国派遣劳动者约为2000万人,而根据中华全国总工会上报全国人大常委会法工委的《国内劳务派遣调研报告》,2010年全国劳务派遣人员总数已达6000多万,占到国内职工总人数的20%。

这个数字连全国总工会也吓了一跳。劳动者应处于主人翁的地位,在劳务派遣的制度框架下却成了边缘人,所以《劳动合同法》对劳务派遣的相关规定做了修改。

为什么有这么多的劳务派遣人员?一方面确实跟新的《劳动法》有一定的关系,《劳动合同法》第十四条要求更严格之后,用工灵活性受到限制,所以企业大量使用劳务派遣;另一方面,直接用工的法律风险大,用工成本更高,也与劳务派遣的繁荣有一定关系。

繁荣的另一面,是劳务派遣的滥用,所以国家要修订法律,逐步解决劳务派遣的问题，防止劳务派遣成为主用工渠道，维护员工的权益。

这次修法有几个改变：首先提高了门槛，实行性质许可，比如注册资本不得少于200万，经营劳务派遣业务，应当向劳动行政部门依法申请行政许可等。

这次最大的一个改变是对“三性”做了界定：按照《劳动合同法》规定，劳务派遣要在临时性、辅助性或者替代性的工作岗位上实施。虽然法律上做了界定，但实际操作起来也很难界定，所以还有“总量控制”的原则，规定劳务派遣比例不能超过10%。

立法中还有一个规定，应当按照同工同酬原则，对被派遣的劳动者与本单位相同的劳动者实行相同的分配方案。同工同酬作为一项国际通行的劳工保护原则，规范的是劳动者的劳动工资分配原则，其含义是：“除了工作性质、学历背景、用人单位的绩效考核这些决定工资的因素外，付出同样的劳动，应当获得同样的报酬。”

但是，写入我国《劳动法》和《劳动合同法》的同工同酬是一项原则，也是法律规定，然而囿于我国国情、体制的很多制约，特别是受到政府机关和事业单位编制严格限制的制约，体制内外的劳动者报酬、福利待遇差别不小，真正实现同工同酬还有很长的路要走。

整　理　丁颍鹃
摄　影　尹炳炎
时　间　2015年6月6日
地　点　浙江图书馆二楼报告厅

陈凤英

中国现代国际关系研究院世界经济研究所原所长、研究员、博士生导师；享受国务院政府特殊津贴；现为国家能源专家咨询委员会专家、金砖国家经济智库中方成员；兼任中国国际交流协会理事、中国国际经济关系学会常务理事；主要从事国内外宏观经济形势分析与预测、中国对外经济关系、国家经济安全等研究；主持完成国家级和部委重大研究课题 20 余项；主编或合著出版 10 余部书，发表论文 200 余篇。

经济新常态带来的红利和风险

"新常态"这个词,大家最近可能经常听到,它是针对转变中国经济原有的高投入、高产出、高污染的"三高"粗放式发展提出来的。习近平总书记 2014 年 5 月在视察河南时第一次使用了"新常态"这个词。

简单说,"新常态"就是非常态,是指中国经济转型。过去我国经济发展模式是高增长、粗放式,由此带来了环境污染。这样的常态已经无法持续,所以提出了"新常态"——经济发展水平要"上台阶",即由中低向中高水平提升,经济增长率则"下台阶",即由高向中高增长放缓。这是大势所趋,是发展规律使然。

现在社会上一说"新常态",就把所有问题都归为新常态,这是误读,"新常态"就是指经济转型与升级。当然,经济转型会引起社会的转型、体制与机制的转型和国际关系的转型,比如,"一带一路"、亚投行的提出、金砖银行的出台……所以"新常态"是后危机时期中国和世界经济的一种非常态发展趋势。

中国现代国际关系研究院研究员,博士生导师陈凤英,做客浙江人文大讲堂,从宏观战略的角度,解读新常态下国内外经济新特征与新趋势。

"三期叠加"造成中国经济的新常态

"新常态"提出的背景，即中国经济需要转型的根本原因，是"三期叠加"——经济增长换挡期、结构调整阵痛期、前期刺激政策消化期都凑在了一块儿。

1979年到2012年，我国年均GDP增长9.8%，但2013年增长率开始下降，2014年只有7.4%，2015年可能只有7%，所以经济增长要换挡，从高速增长向中高速增长转变，中高速是跟世界其他主要经济体相比较而言的。这是中国经济发展规律使然，也是世界经济发展规律作用的结果。

结构调整阵痛期更显而易见。中国经济34年持续9.8%的增长，是以高耗能、高污染、高成本的"三高"形态出现的，以牺牲环境的代价换来GDP的高增长，是不可持续的增长，所以中国经济必须转型，尤其是经济结构需要调整。

前期刺激政策，缘起于2008年的华尔街金融风暴，由此引发世界经济"大衰退"。当时的美国总统小布什召开G20峰会，中国领导人带了4万亿投资项目去。2009年3月，第二次G20峰会在伦敦召开，要所有成员国拿出GDP的4%来刺激经济。这么多投资要消化，怎么消化？比方说，房地产开始持续做大，基础设施重复建设，也就是所谓的"铁公基"又开始做大。

促使中国经济转型的，还有许多客观因素：原来支撑中国经济增长的那些红利不存在了，人口红利、土地红利、环境红利等均消耗殆尽，新的动力与增长点尚未形成，发展缺乏新动力。

人口红利，主要是指劳动力。2012年，中国的"一次就业人口"(15岁至35岁的就业人口)减少数百万。这让我们看到，计划生育政策到了要改变的时候。如果人口持续老龄化，我国就将重蹈日本覆辙，情景可能更惨，因我们是未富先老。

土地红利，即土地政策也已经到顶，房地产不可以再发展了。因为国家经济发展不能过度依靠房地产，这是非常危险的。世界上所有相关案例都证明，这是一个危险的游戏，结果往往很惨。如美国次贷危机引发的华尔街金融风暴，20 世纪 90 年代初日本房地产泡沫破裂导致持续 20 年的经济低迷，都让人记忆犹新。

环境红利也没有了。以前我们不惜代价引进外资，发展重化工业，将 GDP 当成硬道理，结果造成环境污染，又重蹈了发达国家在 20 世纪五六十年代"先污染，后治理"的覆辙。未来，在相当长时间内，治污代价都是不可逆的。

因此，中国经济必须转型，必须创新。新常态下的一大特征就是，经济增长"下台阶"，发展质量"上台阶"。

新常态揭示了当前我国经济发展新阶段的新变化、新特点。转入新常态，不仅意味着经济增长基本告别传统粗放的高增长时代，增长速度"下台阶"，更意味着经济结构出现趋势性新变化，增长动力加快转换，改革开放进入新阶段，发展质量"上台阶"，则意味着我国经济发展将面临更多不同以往的新挑战，当然也有更多的新机遇。

新常态有什么新动力

在新常态的背景下，中国经济发展也有许多新动力。

一是深化改革与依法治国，将带来巨大的制度红利。

过去 30 余年的改革成果非常不错，但到今天，一些做法已经行不通，乃至不一定适合新常态下的发展趋势，所以必须进行机制、体制性的新改革，发展需要科学性的创新、社会管理的创新，所以就会出现制度改革的红利。

我们必须通过创新带动经济，创新的前提是改革。本轮改革的关键是政府，即简政放权。这次深化改革是自上而下，由最高领导层发起。与以往最大的区别是顶层设计，自上而下，层层推进。

在新一轮改革中，差距就是发展空间，比如地区发展差距，城乡差距等。中国经济发展本身呈现“三个世界”，即相对发达的沿海地区、正在崛起的中部和依然落后的西部。这给中国经济提供了足够的发展空间。新型城镇化的思路是，到 2020 年让东部地区的一亿农民工进城，变成城里人；让一亿中西部地区的农民进城打工，变成农民工；进行一亿棚户区改造。通过三个“一亿工程”，推进新型城镇化进程，拉动投资，促进消费，做大经济蛋糕。

二是掀起大众创业、万众创新高潮，带来创新红利。

中国经济的新常态是双目标、双引擎、双结合。

双目标指新常态下中国经济增长将由高向中高速增长转变，经济发展水平将由中低水平向中高水平提升。

双引擎指新常态下大众创业、万众创新和政府提供公共产品，将成为拉动经济的两大引擎。过去拉动中国经济的“三驾马车”，是投资、消费和出口，现在传统优势正在下降——净出口对经济增长为负贡献率，投资增长也在下降，只有消费增长不断上升，所以政府希望通过“大众创业、万众创新”，以及提供更多的公共服务，来拉动中国经济增长，顺利跨越深水区的艰难改革期。

双结合指新常态下，政府必须保持稳政策和稳预期的有机结合，使经济与改革协调平衡发展，同时需要保持促改革与调结构的结合，使经济结构的产业升级平衡发展。

三是“一带一路”与长江经济带等大战略的实施，将给中国经济带来基建投资红利。

现在我们能看到各项战略正在推进中，如“一带一路”“京津冀一体化发展”“长江经济带”建设等。这些大战略的相继出台，尤其是“一带一路”战略构想，沿途涵盖65个国家即“64＋1”，未来甚至可能延伸至拉美。陆上，铁路由中国经中亚、俄罗斯至欧洲（波罗的海）；由中国经中亚、西亚至波斯湾和地中海；由中国至东南亚、南亚、印度洋。海上，丝绸之路由中国沿海港口过南海到印度洋，延伸至欧洲；由中国沿海港口过南海到南太平洋……这将为中国的未来，绘制出多么宏伟的基础设施投资远景。

四是中国每年有700余万大学毕业生，将给中国经济建设带来巨大的人才红利。

人口红利结束了，但是我们有人才红利。中国每年的大学毕业生人数，相当于一个中小国家的人口。今年有749万大学毕业生，就已超过新加坡总人口。这么多大学生毕业，不要说100％成功，如果有10％成功，会创造多少人才财富？这就是人才红利，不是人口红利。当前，跨国公司在全球生产布局中开始采取“中国＋”战略，即研发在中国，工厂搬到越南、老挝等，因为那里劳动力价格比中国更低廉。

新常态下，我们面临的问题

消费变化、投资变化和出口变化，这是新常态三大变化。此外，还有经济发展的变化，包括生产力的变化、生产要素的变化、市场竞争的变化、资源环境的变化。

新常态还有一个变化是风险，中国经济增长、中国经济转型到今天，风险也在累积，所以防范风险既是稳增长的最关键因素，也是当务之急。经济要全面深化改革开放，但必须防范出现区域性和系统性风险。

系统性的风险就是金融危机，如华尔街金融风暴和日本房地产泡沫破灭，以及1997年的亚洲金融危机，都属于系统性风险。

中国经济的规模效应已经显现，发展规律使中国保持之前的高增长已经不可能。未来经济如果保持7%甚至6.5%以上增长，估计在2022年到2025年中美经济规模都会超过23万亿美元，届时中国经济规模可能超过美国，成为世界第一，但人均GDP将为1.5万美元，依然远低于美国的7万美元。只要坚持全面深化改革，强化结构调整与产业升级，以及大众创业、万众创新，中国经济应该可以避免陷入“中等收入陷阱”。

风险防控对于经济持续健康发展意义重大。从一定意义上说，防风险就是稳增长。不出风险，经济就能保持稳定增长。

当前经济风险总体可控，但对以高杠杆和泡沫化为主要特征的各类风险，仍要引起高度警惕。从结构上看，高杠杆企业主要来自产能过剩行业、房地产行业、部分国有企业，要高度关注这些行业和地方政府债务增长的情况。在经济运行走势分化的大背景下，如果一些地区经济出现连续性下滑，也可能给就业带来较大影响。

新常态下的新措施

2015年是全面完成“十二五”规划的收官之年，是全面深化改革的关键之年，要保持稳增长和调结构的平衡，坚持宏观政策要稳、微观政策要活、社会政策要托底的总体思路，保持宏观政策连续性和稳定性，继续实施积极的财政政策和稳健的货币政策。

三个“有利”成为改革新标准——对全局改革有利、对党和国家事业发展有利、对本系统本领域形成完善的体制机制有利。

比如，政府采取回购存量商品房用于保障房，这可纾解商品房的过量库存，同时以回购商品房作为棚改安置房，由此保障房地产市场的稳定和健康发展。根据部署，2015年棚户区改造资金不低于5000亿元。若按40%的货币补偿计算，今年将有近2000亿元的资金用于回购商品房，形成近100多万套商品房的需求，能最高化解6000万平方米的商品房库存。目前，全国有6亿平方米的库存，政府回购一年可减少库存量10%，既可缓解库存压力，又可解决保障房建设，一举两得。

又比如，构建更具创造力的金融体系。在"十三五"期间，将放宽民间资本和外资进入金融领域的门槛，显著提高直接融资比例，建设完善的市场利率体系，实现资本项目兑换和人民币国际化，稳步扩大境内外股市的互联互通。加快利率、汇率市场化改革，提高金融资源配置效率，进一步推进利率市场化、人民币汇率形成机制改革等。

再比如，用GDP中高增长来解决就业。中国人口日益老龄化，一次就业人口在下降，就业压力没有那么大。同时，经济创造的就业能力在上升。按2014年来说，GDP增长率下降到7.4%，创造就业岗位达1322万个，也就是GDP每增长一个百分点，创造就业岗位是178万个。而2010年GDP增长10.45%，创造1168万就业岗位，每个百分点只带来113万就业岗位。也就是说，政府可以接受GDP的中高增长，但是依然保持1000万的就业数，这是我们新常态下的新目标。

综上，立足于本国是关键，这就是我们一直说的，伟大复兴必须靠自己。但是我们必须靠国际力量，因为我们的产能、我们的资本、我们的商品，需要国内外两个市场来消化。因此，新常态是中国经济可持续发展的需要，是中华民族伟大复兴过程中的一个阶段。

整　理　沈蒙和
摄　影　尹炳炎
时　间　2015年6月16日
地　点　绍兴市柯桥区图书馆

胡晓明

男，四川成都人。师从著名学者王元化教授，毕业于华东师范大学中文系中国文学批评史专业，获文学博士。现任华东师范大学图书馆馆长、华东师范人学文学研究所所长、终身教授、博士生导师。兼任教育部人文社会科学重点研究基地中国现代思想文化研究所研究员、副所长；复旦大学中华文明国际研究中心兼任教授、中国美术学院南山讲座教授、中国古代文学理论学会会长。目前从事中国文学思想研究及近代诗学和学术史的研究。

张 玲

女，华东师范大学教育学部副教授、心理学博士。

好父母的秘密武器

在教育信息爆炸、教育理念众说纷纭的当下，每位家长都希望找到一个为人父母的"秘密武器"，让他们在教育孩子的过程中"战无不胜"。

本期浙江人文大讲堂邀请到华东师范大学图书馆馆长、终身教授、博士生导师胡晓明先生和他的妻子华东师范大学教育学部副教授、心理学博士张玲女士。这一对贤伉俪以对话的方式跟听众分享了他们的教育心得和故事。

胡晓明作为一位古典文学教授，从古典文化的角度来讲怎么样做一双好父母；张玲则从心理学层面解读教育。中国的古典智慧和西方的现代心理学相互结合、碰撞，为听众提供了一个全新的视角。

教育就是开发本性、培育本性

《周易》当中有一句话："家有严君，父母是谓也。"在古代，父母有另外一个称呼叫严君。就像一个国家要有君王，一个家庭也要有权威，所以用"君"来指父母双方。在中国的传统社会中，父母是一个家庭的价值核心所在。

接下来的话是"家道正而天下定"。首先是"家道正"，然后才能达到

"天下定"。现在家道不是第一位，家庭的基本价值受到社会乱象的影响，家庭基本价值的混乱又影响到孩子的教育。

在中国传统文化中，讲到教育，指的是开发一个人的优秀品质、生命的本性，然后再涵养、培育这个本性。

《周易》讲"尽性"，首先是开发人基本的生命本性，然后去参赞大化，即参与社会的进步、文明的进化；《礼记》和《论语》也讲得很清楚，首先是"成己"，让一个生命成人，然后"成物"，才能够去做好对一个世界的改造。

现在，面对社会上多元的教育价值观，家长很困惑。社会竞争这么激烈，从幼儿园开始，小孩就开始竞争了，我们家长到底应该怎么选择？在这样一个急功近利、价值观混乱的情况下，怎么回归教育的本源，是我们今天讲座的重点。

今天要讲的主要内容可以概括成三个词：冷眼、慧心、妙手。

冷眼判断：澄清教育的基本价值

最重要的有三对价值，需要家长冷静做出选择：是非与利害，聪明与良善，对外竞争与内力成长。

第一个是利害与是非的选择。作为家长，有的时候我们会教孩子策略，教他怎么在竞争中取胜。这实际上是教他怎么样做事情对己有利，这是利害。而是非呢，是我们撇开自己的利益来判断事情本身是对是错。教育要回到是非观念上面，不要太多顾及利害，否则孩子就会变成"精致的利己主义者"。

第二点就是我们要避免陷入向外的竞争，而忘记了教育最根本的是内力的成长。现在很多家长在提起孩子教育的时候，脑子里冒出来的第一个想法就是"分数、排名、重点大学"，不要输在起跑线上。他们的眼光更多是盯着向外竞争。

但是如果你有一颗冷静的心，回过头来想想，一个孩子成长最关键的是什么？我们认为孩子小的时候，自我内在力量的增长才是父母要抓的关键东西。你抓好他自我力量的成长，他变成了一个内在有强大力量的人，等他要在这个社会打拼的时候，他就不会输。如果我们的出发点就是跟人竞争，可能你想赢，反而到最后赢不了。

在美国的时候，我认识了美国一位中学的校长。美国很多常春藤大学录取学生的时候要参考中学校长的推荐，这位中学校长非常牛，他推荐的学生基本上都被常春藤大学录取了。很多家长就问他，到底是用什么样的眼光看人，才能够看出这个孩子是否是人才？

这位校长举了一个例子。有一年他面试过一个学生，短短几分钟就看出他是个人才了。校长问："你有什么爱好？"男孩说他喜欢登山。男孩滔滔不绝地列举他爬过什么什么山，不仅对山上的风景，对每一座山有关的历史、地理、水文、天气、故事都如数家珍。男孩说他想把美国和世界上所有的山都登完，这是他最大的愿望。这位美国的中学校长说，这就是人才。

教育是让每一个孩子生命成长的机能真正地开发出来。普林斯顿、耶鲁、哈佛这些学校，其实就是把这些有成长动力、有生命好奇心的人集中起来，然后给他们最好的条件让他们充分发展。如果我们用外界的标准要求他们学这个学那个，他们可能成绩会很好，分数会很高，但不一定能成为个人才。

第三点是聪明与德行。最近朋友圈流行的一个故事：一个在巴黎留学的中国学生到公司应聘，面试时感觉很好，但后来都没有下文。终于她忍不住了，冲到公司人力部门去质问："为什么我这么优秀，还不录用我？你们这是种族歧视！"那个主任打开电脑让她看，原来是因为她的诚信记录不好，这个自作聪明的女孩在巴黎有 3 次逃票的记录。主任说了一句话："希望你记住，德行可以弥补聪明的不足，但聪明永远无法弥补德行的欠缺!”

在美国,我听到两个学生被惩罚的故事,老师在解释原因时,用的是同一句话:她/他不 nice。如果老师发现一个孩子不与人为善,这个孩子将会被很严肃地教育。良善是教育孩子时需要注重的一个最基本的品质!

慧心待人:兴于诗,立于礼,成于乐

孔子讲的“兴于诗,立于礼,成于乐”,我觉得讲出了教育的大智慧。

孔子讲“兴于诗”,兴就是发动,像发动机一样的,是把每个人生命成长的机能发动起来。在一个人生命的最初,要唤醒仁爱的心灵,温柔敦厚的心灵,让生命与生命、生命与万物相感发。

“立于礼”,是让孩子遵守基本的行为规范和社会规范,立足于社会。

“成于乐”,通过音乐、美术、文学,让生命增加活力和创造性。

这三点道出了现代教育的真谛:让每个人醒过来、站起来、活起来。

孩子非常重要的一个阶段是三岁的时候。那个时候的小孩子是春天的芽,正是萌发的时候。这是非常重要的一个关键期,父母要让他知道感动,让他知道怎么来爱父母、爱兄弟、爱一草一木。

中国文化当中讲到的最重要的一点,就是有仁爱的心灵,温柔敦厚的心灵。

《周易》和《孝经》里面讲得很清楚,“人人敬其亲,人人爱其亲”。如果不敬其亲,不爱其亲,就是禽兽。所以我们最大的秘密武器,就是让小朋友们懂得爱,懂得回馈父母,懂得孝顺。古代小学最重要的是要读《孝经》,而中国社会把古典的价值毁灭之后,所有的东西都没有了。

季羡林先生写过一篇文章,令我非常感动。季羡林先生说,直到今天他最大的遗憾是没有陪他的母亲,而是在外面学习。他的学术成就、“北大教授”、“国学大师”的头衔都可以不要，只要能跟他的妈妈在一起，长长久久就好。所以这位国学大师，是一个非常懂得中国文化的人。

但是，我们现在的教育，不光是学校，很多家长也不太重视培养孩子的善良和仁爱之心。所以很多孩子做出了让人特别难过的事情。

前段时间报道，几个在美国读书的中国孩子，因为恋爱的事情争风吃醋。结果七八个孩子约起来虐待一个中国的女孩子，用烟头去烫她，把她的衣服扒光，扯她的头发，拳打脚踢等，还把录像上传到网上。

这个事情在美国社会引起轩然大波。这些孩子被起诉，但他们不知道事情的严重性，在审判席上还有说有笑的。因为在中国如果出了这样的事情，可能只是被老师教育一下、写一份检讨就行了。

这实际上就跟家长的教育价值取向有关，我们把更多的精力放在了让孩子读名校、成功成名上，没有培养他们基本的仁爱之心。

妙手育人：日常生活放手，关键时刻下手

妙手是指教育孩子的具体方法，讲起来比较零碎。教育孩子有一些关键的时刻，父母慢慢地会找到这些最有效的时刻。

比方我就发现有一个时刻教育我们家孩子是最有效的，那就是晚上临睡之前的床头交流。白天你跟他说什么东西，他常常左耳朵进，右耳朵出。但睡觉之前我跟他说的话，他记得特别牢，特别听得进去。这就是一个关键时刻。

我最近还发现，微信这个沟通方式非常好。我发现，把一些好的文章转发给他，他每一篇都会好好地读。

生活当中，父母容易忽略孩子一些很有闪光点的表现。其实这也是关键的时候，要给他一些非常重要的鼓励，而且要用关键词点出来。

比如说他自己控制时间，玩游戏只玩了 10 分钟就收手，这时候你要

抓住他这个闪光点，说你很有自制力，能够管理自己；比方说跟朋友一起玩，很多朋友瞧不起一个胖胖的、学习不太用功的同学，但是他却跟这个同学玩，不怕别人嘲笑，这也是一个关键的时候，父母要点出来，说你很善良宽厚。

日常生活当中要有一些“温柔的手”，比如我们常常给小孩留字条，这是我妈妈教我的。小时候假期我在家里睡懒觉，起床的时候看见桌子旁边有张字条，写着“鸡蛋在小锅里面，馒头在蒸锅里面，你自己吃”。

这样的家常话语，简简单单，但是很温暖。母亲的关爱，通过文字、书法，流露出温柔的心，孩子就会觉得这个家庭有一种特别的温情。

我现在也慢慢学到给孩子留字条这一手。比如说我今天要到哪里去出差，我就写“你照顾好妈妈”，虽然我可以通过语言来说，但是留字条和不留字条不一样，留字条可以感受到你的心情，一笔一画里是慎重的交代，真真切切的关心。中国的文化是一种文字的宗教，很多家长会忽略文字在家庭日常生活当中的重要性。

说到底，当好父母其实是一种修行。从心理上来讲，我们每个人都从原生家庭带来很多根深蒂固的习惯，有的时候在教育孩子的时候不知不觉就带了出来。虽然我们知道，要鼓励孩子，要轻言细语，要耐心，但是往往孩子一有毛病的时候我们就不耐心了。

“养其小者为小人，养其大者为大人”。要教育孩子，首先要教育自己，培养孩子的过程，也是家长的自我成长过程。要修炼自己的涵养、耐心、胸怀、格局。

整　理　张冰清
摄　影　尹炳炎
时　间　2015年7月11日
地　点　浙江图书馆二楼报告厅

浙 江 人 文 大 讲 堂

石学敏

从事针灸学和老年医学的临床、科研以及教学工作50余年。主持完成包括国家973项目在内的科研课题40多项，其中获国家科技进步奖1项，省部级科技进步奖33项(次)，获国家专利6项。

在国家核心期刊杂志发表论文数十篇，出版专著20余部，主编的巨著《中医纲目》被誉为继《医宗金鉴》之后的一部中医临床划时代巨著。出版英文版《石学敏针灸学》，推向欧美，深受欢迎。该书已被美国针灸考试委员会指定为考试指导用书。

一根小小银针，如何撬动世界

1968 年，中国一位针灸医生，用三根小针，为偏瘫一个月的阿尔及利亚国防部副部长萨布治疗。当天，萨布就站了起来。

该国最大的报纸以大篇幅文章报道："这不是巫术，也不是魔术，而是中国三千年历史的医学法宝！"

当年的这位针灸医生，就是中国工程院院士、国医大师石学敏。那一年，他 30 岁。

石学敏人称"鬼手神针"，又有"针灸大使"的称号。他的足迹遍及五大洲，到访过 60 多个国家。本期浙江人文大讲堂就请来了石学敏院士，听他讲，一根针，如何撬动了世界。

中医是中国人聪明才智的一种体现

我们大家都知道，中国有指南针、火药、印刷术、造纸四大发明。那么，中国还有什么其他文化瑰宝呢？许多人就不太清楚了。我国从小学教育开始，对祖先的伟大智慧，世界顶尖的发明创造，就没有做过认真的介绍，也就是说，从历史的角度上，我国在国家层面上就对科学技术方面存在认知缺陷。

我曾经读过英国的一位科普专家的一部著作，是专门研究世界各民族在科技发展方面的贡献的。他指出，在世界的科技发明史上，文明古国中国，不仅仅有这四大发明，他统计了一下，有700多个发明是中国人做的，那是了不得的。往简单了说，耕地的工具，从最早的木犁，到松土的耙子，一直到最后的铁耙子，都是我们中国人发明的，然后才传到西方和世界各国。一个西方学者，比较公允地评价了一个民族在科技历史上的成果，而我们自己呢，在这方面反而忽略了。这种忽略对一个民族来说，是一个很大的损失。大家现在都能认识到科技是国家的命运所在，科学技术不发达，这个民族在国际上的立足之地就有可能受到威胁。

今年是我当医生的第54年，我得回到我的本行来，我们来说说中医。

中医是中国人聪明才智的一种体现，同样，全世界各民族都有自己的传统医药学。

印度有民族医学，但他们没有科研队伍，就一些个体在搞药，跟中国的中医药小药丸一样，做得比较精致；墨西哥传统的草药也是比较多的，即采撷植物的茎和叶熬着喝，以求达到治疗的目的，但是没有系统研究，没有真正的药店，没有加工厂，是一种民间的经验，有病了自己采一点，煮着喝，但是它也比较普遍。在发达的国家里面，像德国、英国都有类似的东西。比如说在德国，它有自己传统的药物，也有像中国这样的传统药铺。英国有种顺势疗法，基本上就像中国的按摩、针灸，但是是散的，不是一种正式的医疗。就全球来讲，只有我们真正地形成了一种医学学派——东方的医学学派，也就是中医。

中医有内治外治，针灸是最有名的外治

西方医学，有内科和外科。以药物治疗为主的是内科，儿科、妇科都

算内科；以手术为主的是外科，当然也包括一些理疗的部分。

中医也有两大派系——内治和外治。中医的内治法和外治法，有记录的就有3000多年的历史了，这比西医要早2000多年。

说起外治，第一个要说的就是针灸。

老祖宗被石头碰了一下，发明了“针灸”。在新石器时代，受伤的人偶然被一些坚硬物体如石头、荆棘碰到身体某部位，疼痛会减轻，最早的针具——砭石由此诞生。而灸法的发现，居然是祖先烤火时，发现身体剧痛会缓解，由此演变而来的。

几千年前，扁鹊用针灸让虢国太子“起死回生”。

针刺疗法的种类非常多，有穴位埋线疗法、放血疗法等。

灸法不用针，是用艾条熏穴位。其实，咱们普通老百姓在自己家也可以做，足三里、脐眼下三寸，这里没有什么要害，自己给自己灸上10分钟，能预防传染病，增加免疫力，治疗失眠和肠胃病。

推拿是中医外治法集大成者，对世界影响也很大。

还有一个就是中药的外科疗法，比如中药熏蒸、中药外洗、中药离子透入等。这种疗法对治疗慢性病是很有用的。

中医外治法有两个原则，即经络和腧穴。针刺可治疗300余种疾病，有良好的治疗效果，疗效显著。

内治法主要就是喝药了。它的特点是“治病不伤身”，各味药材相生相克，将副作用抵消掉。近年来，内治法中最具亮点的是中西医结合的药品，也就是大家常说的“中医治本，西医治标”。

中西药各取所长，能更快更好地治疗疾病。

澳大利亚立法承认中医，中医中药在全世界大有可为

中医很早就传入了西方。欧洲大陆从17世纪就开始使用针灸治疗，

17世纪的中医著作，翻译起来也是相当辛苦的。

其实，其他国家也有自己的传统医药，但不成体系，大都是“小打小闹”。

比如，印度是有民族医学的，但是他们没有科研队伍，都是一些个体在制药。

墨西哥跟中国一样，民间也是采撷植物的茎和叶然后熬水来喝，以求达到治疗的目的，但是没有系统研究，也就是说没有真正的药店，没有加工厂，就只是一种民间的经验。

在发达国家，德国、英国都有类似的疗法。比如德国也有像中国那样的草药铺，可是德国人自己没有传承下来。

英国的传统医药叫顺势疗法，这种疗法基本上就像中国的按摩、针灸，也只散落在民间。

但中医，它有系统性，也有传承。所以在全球范围内，只有中医真正地成为了一种医学学派。

无论是针灸还是中药，国外研究它们的人越来越多。而且随着改革开放，中医也越来越受到国际社会的关注。

国外也掀起了中医学术研究的热潮，比如美国哈佛大学、德国柏林大学、法国巴黎大学等，与我们都有合作，也有许多人干脆到中国留学，就学中医。

到了现代，国外已经不仅限于引进我们的中医理论和理念了，还邀请许多厉害的中医大师去国外帮忙治病。

澳大利亚就是第一个以立法方式承认中医合法地位的西方国家。

还有中药。美国洛杉矶唐人街上有非常多的中医诊所，这也从侧面说明了美国对中医药的需求之大。

中国的人参卖到美国，价格是美国花旗参的四倍。只不过它不算中药，是保健品。

目前是中医走向世界的最好时机，针灸、中药将在全世界大有作为。

今年，中国的中药国际贸易额是7000多亿元，这还不包括200多亿元的民族药。按目前的发展趋势，未来，中药的贸易额可达万亿元。

美国一位学者说，在未来的15年之内，中医将成为人类保健的第一手段。

日本有独立的针灸大学，我国中医教育待完善

虽说中国是中医的发源地，但是外国对中医教育的重视程度，有时甚至超过了我们自己。

就拿我们的邻国来说。朝鲜半岛及日本等国的启蒙医学是中医药学。

朝鲜的《东医保健》就是中医的百科全书，是从中医的著作当中摘出来的，只是在切诊上有一定创新，内治外治与中医完全是一致的。

目前中医在朝鲜称为东医，在韩国称为韩医，韩国和朝鲜都有中医药大学，同时有规模非常大的医院。

日本在明治维新以前完全推崇汉医，其理论完全是中医的理论内涵。现在日本的大学有专门的中医医疗体系教学，已经形成了完整的中西医结合的模式。

我国到现在还没有一所独立的针灸大学，但是日本有，叫明治针灸大学，这些年来发展非常快，中专的教育数量更惊人。

美国的中医学院也比中国多，美国批准了四所中医大学可以培养博士，已经有两批博士研究生获得了博士学位。

我国目前的中医输出，已经不像几个世纪前那样只输出理念和论著了，现在最多的还是技术交流和人才输送。

然而，医疗技术人员的输出是很有限的，今后要输出教育科学研究。科学研究是基础，教育是根本。

故事两则

（一）

1968 年，我二十出头，参加中国赴阿尔及利亚医疗队工作。当时，阿尔及利亚国防部副部长萨布骑马打猎摔伤，瘫痪已经半年，虽然经过十几位欧洲各国名医诊治，却始终不见好转。正当他们一筹莫展的时候，有人建议不妨让中国援阿医疗队的医生来试试。

我去了之后，看了他的片子，对他说，你这就是一个比较轻度的椎间盘突出，不是那么重，你这病不难治，能解决，需要一个星期吧，治疗七天。当时在总统府二楼有 30 多个专家，基本都是欧洲的，他们就说我说的是不是有点过啊。

在各国专家的注视下，我取出三枚小小的银针，取穴，施用手法，一会儿工夫，将针拔出，对病人说了一句："请抬起腿。"现场所有的人都莫名惊诧，面面相觑："这怎么可能！"

萨布说，"我能下到地面上去？"我说："哎呀，你听我的。"结果一下地，挺好，大家都鼓掌，在场那些教授各种表情都有。

我说，这个病在中国哪能受那么长时间的折磨啊，也就几天，要刚开始就治就更快了，不就是一点神经根的水肿刺激引起疼痛嘛，有什么了不起。

很快，中国医生用几根小小银针治好了萨布那条半年来未动一下的腿的消息传遍了首都，整个玛卡拉城轰动了！以至于在多年后，其他中国医生来到这些国家，当地的人们还在津津乐道当年那个很厉害的 Chinese 石。

我到过世界五大洲，出访过 60 多个国家，使世界认识了中国、认识了中医、认识了针灸。这不是我个人的功劳，是中华传统医术的神奇疗效的功劳。

（二）

我曾经到一个国家去，总理级的人物病倒了，人家邀请我们去的，在这个方面很多国家都知道我们有这个长处。科技部也把我们这个项目向外推广了。

那边都是皇家的医学院教授，都是顶级专家，所以他们打了个问号，这个针扎一扎就能行了？他们都不大理解。他们在那个医院挑了一个老太太，叫我先给她治这个病。跟我一块去的有三个医生，我就不动手了，叫我的助手给他们治病。说明什么问题？第一，这种病用不了我动手，对我们来说这是一个小小的技术，没什么了不起，很一般的。第二，说明它可以重复，我能做，我助手也可以做，中医没有什么神秘的，就是一层窗户纸，你掌握这个技术就可以用。就像阑尾炎手术，你掌握这个技术你就可以做。科学的东西就是规范的，可以重复的。

我们助手做完了以后，那个老太太五天以后就开始吃饭了。然后他们才叫我给那个领导治。

整　理　徐　洁
摄　影　尹炳炎
时　间　2015 年 9 月 19 日
地　点　浙江图书馆二楼报告厅

浙　江　人　文　大　讲　堂

张连红

男，博士、教授，博士生导师。出版的专著、合著有：《整合与互动：民国时期中央与地方财政关系研究》《中国正面战场》《日侵时期新马华人受害调查》《魏特琳传》《幸存者的日记与回忆》《德国使领馆文书》《创伤的记忆：南京大屠杀与战时中国社会》等，主持并合作翻译《魏特琳日记》和《黄金武士：二战期间日本掠夺亚洲黄金黑幕》，发表学术论文50余篇。

南京大屠杀——记忆与思考

2015年9月3日，我国举行纪念抗战胜利70周年大阅兵。铭记历史，缅怀先烈，展望未来，是其中的核心要素。

70多年前的那场抗战，镌刻着中华民族的伤痛和抗争，而其中怎么也绕不过的话题，就是1937年12月开始的南京大屠杀。

本期浙江人文大讲堂，请到了南京师范大学党委宣传部部长、南京大屠杀研究中心主任张连红，来为我们解读南京大屠杀的相关的研究。

为什么要设立国家公祭日

2014年12月13日，是我国设立的第一个国家公祭日。我们知道，在1937年的12月13日，日本占领南京，持续6个星期在南京进行了疯狂地集体屠杀、焚烧、强奸、抢劫，为什么经过了77年，中国才开始把它设立为国家公祭日？

这中间有一个历史的考量。

全国人大是在2014年2月27日做出决议的，这里面很重要的一条，就是南京大屠杀是“二战”期间的一个标志性的暴行，它悼念的不仅仅是南京遇难的同胞，也包括整个第二次世界大战期间被日本屠杀的中国的民众。

包括绍兴在内，在战争期间，日本也在此进行了很多的暴行。我印象中，在“二战”期间，仅仅是飞机对绍兴的轰炸，就达到105次。暴行中有一次，日军强奸绍兴妇女就达到1000人以上。

由此可见，日本占领中国地区犯下了很多的暴行，其标志性事件，就是南京大屠杀。所以，当时全国人大设立国家公祭日，是以这个为标志，缅怀悼念所有被日本帝国主义杀害的中国民众。

设立公祭日的历史沿革是这样的：在国民政府时期，也曾经把12月13日这一天作为遇难同胞的公祭日。

在1947年，国民政府还都南京以后的第二年召开会议，一致决定把南京选定为首都。1947年12月13日上午，南京市首都陷敌殉难忠烈同胞纪念大会及公祭日典礼召开，国民政府开始把它当作一个国民公祭日举行悼念仪式。其后，国民党政权风雨飘摇，三大战役之后，国民政府很快败退到广州，所以后来12月的悼念，没有持续进行。新中国成立后，从1994年开始，南京市和江苏省就开始在每年的12月13日举行哀悼仪式，用包括撞和平钟、敬献花圈、广场聚会等多种仪式，来悼念遇难同胞。

2005年开始，几乎每一年的全国人民代表大会上，都有代表提出议案，要求全国设立公祭日。到2014年的时候，最终把12月13日定为国家公祭日。这实际上是一个缓慢的过程，是一个不断认识的过程，将12月13日定为公祭日，是民众的强烈呼声；除此之外，社会对南京大屠杀的认知，也是不断地在推动、研究的。

经过了这么长的时间，才把它定为国家公祭日，其实并不让人意外，实际上世界其他地方把屠杀惨案发生日定为国家公祭日，也是有一个长时间的推动过程的。包括国际大屠杀纪念日，是来缅怀被纳粹屠杀的犹太人的，2005年的时候才开始通过提交草案然后确定的日子。从1945年到2005年，经过了60年。

另外,中国对南京大屠杀的研究是从20世纪80年代开始的,而对奥斯威辛大屠杀的研究,是自1945年"二战"结束起,以色列还有全球的犹太人就开始不停地研究、探索,经过了这么长的时间,世界才公认其纪念日的。

在国家公祭日设立前后,经过分析和思考,我们发现前后存在很大的变化,我认为意义非常重大。

对大屠杀研究的反思

首先,是对受害者的关注。

在20世纪80年代以后,我们开始追究日本占领时的各种暴行,基本上从加害者的角度进行思考,很少从受害者的角度来考虑问题。

因为1982年日本的教科书事件以后,日本右翼在教科书里把"侵略中国"称为"进入中国",认为南京大屠杀是中国人虚构的。

1982年之前没有人做专门的南京大屠杀研究,原因很多,一是整个中国人文社会的发展存在问题,改革开放以后才开始进行人文社会的研究。在这之前,我们的学术研究,很多都带有政治知识形态,基本学术研究比较少。

而到了20世纪80年代之后,由于日本右翼教科书事件,日本的右翼开始公开叫嚣否定侵略,否定南京大屠杀。在这样的情况下,南京的民众就纷纷写信,要求南京市政府必须要设立一个悼念遇难同胞的场所,希望人民政府动员一些学者进行大屠杀资料的收集整理,以及重视对幸存者的口述访谈。

所以当时的中国学者把最初的研究重点放在批判日本右翼否定南京大屠杀的观点上,从日本暴行的角度进行研究,而很少从受害者的角度去研究,去思考,去关爱。

我们知道很多的幸存者，在经历过南京大屠杀这样惨绝人寰的暴行后，心理和身体上有着巨大创伤，但是那时候，我们寻找幸存者的目的主要是什么？是揭露日军的暴行，要证明南京大屠杀的存在。

然而，我们从20世纪80年代到现在，进行了二十几年的反驳、抗议，情况却没有好转；日本右翼否定南京大屠杀的行动，没有因为我们的抗争、批驳、声讨，而有所收敛，依然还是非常猖獗。

所以这次国家公祭日，最大的变化就是不仅仅记录暴行，更多的是要反思我们自身。受害者叫什么名字？年纪多大？家庭的情况怎么样？个体生命的价值多少？我们关注得很少。这次国家公祭日重要的一点是悼念我们遇难同胞，这是关注我们自身，这是我们进行反思的前提。

反省自身的内在含义是什么？因为我们还不够强大，这是很重要的因素。如果我们今天是一个像美国这样强大的国家，那么这种否定侵略的声音，美化侵略的声音，不承认暴行的声音就少了。所以这次国家公祭日的核心点就是进行反思。

南京大屠杀，不仅仅是南京的记忆

另外的意义，就是更关注我们自身，这是对我们遇难同胞的生命的尊重。

在南京大屠杀期间，有30多万人死去，但由于各种原因，包括当时西方的传教士设立安全区，保护了我们一些幸存的同胞，当时有23万人存活了下来。到今天为止，根据不同的统计方式，我认为目前还活着的有数千人。

这些人，我们应该怎么去关爱他们？这是目前我认为很重要的事。

幸存者也是目击证人，他们能证明南京大屠杀的存在，他们记录了日军的暴行，但更重要的是受害者需要我们的关爱。所以这次除了悼念遇难同胞以外，也需要我们对目前的幸存者进行关爱，我们要更多地帮助他们治疗心理疾病，关爱他们的晚年生活。

2015 年是抗战胜利 70 周年，我看到媒体的报道主要是对抗战老兵的关爱，包括民政部门对抗战老兵专门有了统一救助资金的发放，很多地方在寻访抗战老兵等，这都是不同形式的关注和关爱。

我前一段时间去宁波，那里有企业家专门买了一个地方，为这些抗战老兵设立一个历史墓园，而且是免费提供。我想，这些都是对抗战老兵的关爱。

这些思路，事实上跟我们国家公祭日悼念仪式上的思维转换类似，这不仅仅停留在记录日军暴行本身，而是更多地进行我们自身的思考，我想这一点是非常重要的。

我这次到浙江人文大讲堂做南京大屠杀历史研究的回顾与思考讲座，有个很重要的原因，那就是以往我们很多的民众认为南京大屠杀仅仅是发生在南京的事。这样的理解，就把它变成了区域化、一个城市的概念，所以以往的悼念，更多地局限在南京这一个区域上。而这次的转变，使得南京大屠杀不仅仅是南京这座城市的悲剧，而是整个中华民族的、国家的悲剧，上升了一个层面。当一个地方性的悼念日变成了一个国家的公祭日时，一个区域性的记忆或者个人家庭的记忆，就上升到了民族的记忆，这个意义是非常大的。

南京大屠杀的空间概念

另外，我想介绍一下研究的主要争论点。

南京大屠杀在我们中国的学者看来，就是一个历史事实，没有什么可争论的；而日本右翼还在说南京大屠杀是中国人虚构的，他们甚至认为南京大屠杀是 20 世纪人类最大的谎言，是中国人捏造的。

他们的理由是什么？有哪些观点？我想从几个方面给大家做介绍。

第一，我想介绍一下关于南京大屠杀的空间概念。

地域大小决定了规模的大小。如果是一个很小的地方，你要6个星期屠杀30万人是不可能的，但是日本的右翼学者抓住这个点，经常偷换概念。

当时南京的行政区概念，也是既含有城区，然后还有乡区，共有7个城区，另外再加上一个浦口区，行政区的概念大概是450多平方公里。这个是当时的南京行政区的概念，而南京城区的概念是什么？它的面积只有大概48平方公里。

还有一个地方是日军经常会提到的，是什么？就是当时日军占领南京以后，很多没有逃离南京的老百姓，转移到了南京的一个安全区，这个安全区的面积大概多大呢？3.86平方公里，南京安全区是南京城区的十分之一还不到。

但是现在日本很多的右翼学者的书里面，就偷换这个概念，说南京被日军攻下来的时候人口只有20多万人？那我们怎么可能杀到30多万人，这个是日本右翼宣传最有力的一个观点。

所以我们说这个南京的概念，不是南京城区或安全区的概念，至少是一个行政上的概念。

第二个很重要的就是时间的问题。

我们现在的教科书或者是我们的名词解释里面，讲1937年12月13日日本占领南京之后，持续进行了6个星期的屠杀、强奸、抢劫的暴行，我们把它称为南京大屠杀。实际上12月13日之后，这6个星期是指相对集中的时间概念，不代表12月13日之前在南京被日本屠杀的民众。

因为我们做研究的时候，去搜集遇难者资料，这时候要考虑到，比如12月6日，日军打到江陵了，在乡村里面进行了大规模的屠杀，这个屠杀算不算南京大屠杀？12月8日打到紫金山了，进行了大规模的屠杀，这个算不算？

经过科学意义上的研究，在12月5日日军打到南京的时候，在南京周边的乡区进行的大规模的屠杀，应该计算到南京大屠杀的范畴里面，这个也是很重要的。

因为日军在进军南京的过程当中，在南京的周边打了一个星期，从5日开始发动对南京的总攻，到12月13日的晚上，攻占了南京城。在这个时间里，在乡村，日军所犯下的暴行，包括屠杀的俘虏，都应该算在南京大屠杀的范围内。

实际上，日军在南京的暴行不仅仅持续了这6个星期，之后还有暴行，当然规模相对可能不是那么的集中。但是到3月28日之前，还有一些日军暴行，我们认为这个日军的暴行也应该是算在南京大屠杀的概念里的。

南京大屠杀的遇难人数

另外一个的问题是南京大屠杀的遇难人数。

战争结束以后有南京审判和东京审判，在法庭上最后做了数字的认定，东京审判认定在南京屠杀了20多万人，南京审判是30万人以上。但是当时审判的时候，没有具体的遇难者的名单，没有做这样的工作。

战争结束以后，国民政府做了很多的调查，这些调查基本上都是幸存者通过回忆提出在某一个地方进行大规模屠杀的数据作为法庭证据来提交的。但是我们没有去做遇难者名录这样的调查工作。

南京是一个移民城市，在南京国民政府成立之前的南京，人口才有36万，到1935年底，南京的人口已经超过了100万，在1937年6月份的时候是109万左右。日军占领南京时，南京是109万人口的百万大城市。

因此，南京的人口是流动人口，加上当时户籍制度也不完善，不像现在，每一个人都有个户口，少了一个人很快就可以知道。当日本提出，南京大屠杀遇难同胞30万人，都叫什么名字，年纪多大？我们拿不出来。

2000年开始我做了一些调查，我们特别注重遇难者的名单。我们每次进行幸存者的访谈，他们都告诉我们，他们村庄里面的，或者亲戚里面的哪些遇难者，这些名字我们就做记录，再加上档案里面的记录，到现在为止，南京大屠杀遇难同胞纪念馆，目前收集到的遇难者的名单是一万六千人左右，这个跟30万人距离还是相当远的。

红十字会和崇善堂都是当时的重要慈善团体，他们在掩埋尸体时统计了数量，光这两个慈善团体的统计数就已经将近16万了。

还有一些是找不到尸体的。日军把很多中国的战俘，以及认为是俘虏的平民，押到长江边进行了集体屠杀，杀完以后就放火烧，然后推到江里面去，这些尸体就找不到了。

抗战胜利以后，南京国防部军事法庭在审判时，就是以这些为基础，来说明日军在南京有大规模的约30万人的屠杀。

整　理　张　苗
摄　影　尹炳炎
时　间　2015年9月29日
地　点　浙江工业大学之江学院绍兴校园

浙 江 人 文 大 讲 堂

程惠芳

第十一届全国人大代表、浙江省特级专家、浙江工业大学全球浙商发展研究院院长、教授、博士生导师，国家级教学名师，享受国务院政府特殊津贴，入选浙江省151人才工程第一层次人选和重点资助对象，浙江工业大学国际贸易学博士点和省应用经济重点研究基地带头人，浙江省政府咨询委员会委员，浙江省政府研究室特邀研究员，浙江省民营企业国际合作促进会会长。主要从事国际直接投资、国际金融、国际贸易理论和政策等教学研究工作。

“一带一路”战略与开放型经济新体系

2014年以来，在政策支持下，“一带一路”持续成为国民经济的热门关键词。国家的“一带一路”战略，到底会给我们浙江带来什么样的新的机遇，会给我们老百姓带来什么？我们邀请了浙江省特级专家、浙江工业大学博导程惠芳教授，由她来讲一讲“一带一路”战略与开放型经济新体系。

什么是“一带一路”

“一带一路”战略是“丝绸之路经济带”和“海上丝绸之路”战略的简称。

“丝绸之路经济带”，是在古丝绸之路概念基础上形成的新的经济发展区域，原来我们有丝绸之路，现在叫“丝绸之路经济带”。

在西汉时期，张骞出使西域，开辟了以长安为起点，经关中平原、河西走廊、塔里木盆地，然后一直到现在的伊朗、欧洲一带的贸易之路。这是经济全球化最早的版本，被誉为当时全球最重要的“商贸大动脉”。

“海上丝绸之路”最早可以追溯到汉代，这是海上的通道。“丝绸之路经济带”是陆上的通道。所以我们中国在汉代的时候，这两条通道就已经有了。

那么，“一带一路”战略与古代丝绸之路和海上丝绸之路区别在哪里？

“丝绸之路经济带”战略，是2013年9月习近平主席访问哈萨克斯坦时提出来的。“21世纪海上丝绸之路”，是2013年10月习近平主席访问东盟国家时提出来的。与古代的丝绸之路和海上丝绸之路相区别的是，习近平主席提出了“一带一路”共建战略和命运共同体的理念，是为我国与“一带一路”沿线国家共同建设，互利共赢，共同发展，以点带面，从线到片，逐渐形成亚太区域经贸投资大合作新体系。

“丝绸之路经济带”，从地图上看，是从西安出发最后到荷兰鹿特丹的一条跨度非常大的欧亚大通道。

“海上丝绸之路”古代是从福州开始，现在我们也可以以宁波和舟山为起点，经过福州、广州、湛江、河内、雅加达、吉隆坡、科伦坡、内罗毕、雅典、希腊、意大利的威尼斯、鹿特丹，这是一条海上欧亚大通道。

“一带一路”大通道贯穿亚欧非大陆，一头拉着东亚经济圈，一头是发达的欧洲经济圈，这两条经贸大通道建好以后，整个世界经济格局可能发生非常大的变化，中国与欧亚、中亚、东盟、中非各国经济，有了更加紧密互利的合作，可以共谋新的发展空间。

“一带一路”战略意义和目的是什么？

“一带一路”建设的战略目的，是促进沿线国家生产要素有序自由流动，实现资源有效配置和市场深度融合，促进沿线各国实现互利共赢合作，协调经济政策促进经济增长，开创更高水平、更深层次的区域经济合作新格局。

“一带一路”建设可促进亚太区域经济共同发展。

区域经济一体化发展通常经历几个阶段：

第一个阶段就是优惠协定阶段，两国之间签订协议，政策相互优惠。

第二阶段是自由贸易区阶段，我们现在听到自由贸易区很多，有多边(多个国家)自由贸易区，如欧洲自由贸易区，北美自由贸易区，东盟(10+3)自由贸易区；有双边(两个国家)自由贸易区，如中澳自由贸易区，中韩自由贸易区。

第三阶段是关税同盟阶段。

第四阶段是共同市场阶段，就是劳动力和资本可以在成员国自由流动，可以到成员国就业，签证可以免签，如德国人可以到法国去工作，意大利人可以到德国去工作。

第五阶段是经济共同体，像欧盟经济共同体，实现统一货币(欧元)。

"一带一路"建设要经历过几个阶段。第一是政策沟通，和这些国家签订友好的合作共建协议。第二是基础设施实现互联互通，促进贸易投资发展。发展到一定阶段，就有可能进入欧亚自由贸易区发展阶段。

"一带一路"是更大范围、更高水平、更深层次的区域合作，要共同打造开放、包容、均衡、普惠的区域经济合作框架，这是中央提出的战略目的。

"一带一路"战略的国际背景是什么？

第一是全球经济格局发生深刻的变化。这个变化是革命性的变化，发达国家与发展中国家经济规模、贸易规模快要进入平分秋色的阶段。20世纪以来，经济发展原来都是发达国家为主的，经济总量发达国家占70%—80%，贸易总量发达国家占70%—80%，现在发达国家与发展中国家快要五五开了。

国际贸易格局也发生巨大变化，正在改变出口贸易以发达国家为主的格局。从第二次世界大战以后，发达国家进出口贸易基本上占60%到70%，包括到20世纪90年代的时候一直在70%。2000年以来，发达国家进出口贸易快速下降，现在多少？发达国家占51%，发展中国家45%，再加上转型国家也算发展中国家，这样就占到了49%，平分秋色。

国际贸易格局的变化，对中国的影响越来越明显。

世界贸易规模在不断扩大，但是中国企业感觉进出口贸易越来越难做了，原因是什么？是其他发展中国家进出口贸易发展在加快，原来是中国企业的出口贸易订单，转移到了别的发展中国家。我们企业碰到了挑战，不仅要跟发达国家竞争，我们还要与发展中国家竞争，因为其他发展中国家成本比较低，劳动力价格低，发展出口劳动密集型产品有比较优势。

我国有制造业比较优势，"一带一路"沿线其他发展中国家有资源和能源优势，一些发达国家有技术和品牌优势，加强与沿线的发达国家和其他发展中国家的国际经济合作，就能实现互利共赢和共同经济增长。

第二是国际贸易规则和新体系变化，大国之间博弈加剧。

大家知道，2015年10月份，跨太平洋伙伴关系协定(TPP)已经在美国达成协议。跨大西洋贸易与投资伙伴关系协定(TTIP)在谈判。这两个新的战略伙伴协议要建立新的国际贸易和国际投资体系，有可能把WTO边缘化。原因是WTO规则有利于货物贸易降低关税，发展中国家的商品贸易快速发展，WTO对发展中国家货物贸易绝对是好事，但对发达国家服务贸易发展不一定有利，所以美国等发达国家要建立新的贸易规则和体系。

当代的国际竞争，不仅是科技、人才、制度的竞争，更重要的是国家规则制定权的竞争。中国如何引领发展中国家来制定国际规则，中国如何在全球经济治理体系中联合起来制定规则？制定规则的博弈，一定是未来理论研究、政策研究中的重大课题。

习主席提出共建“一带一路”的战略，就建立合作共赢为核心的新兴国际关系，坚持正确利益观，和平发展、共同发展、互利共赢，构建人类命运共同体做出了贡献。

“一带一路”怎么建？

“一带一路”沿线有65个国家，这么多国家，“一带一路”怎么建？项目怎么落地？怎么合作？这确实是世界上最复杂的一个系统，这个复杂系统如果建设好，是对全世界经济发展的巨大贡献。

如何共建“一带一路”战略，我国提出建设主要原则：第一是遵循联合国宪章的宗旨和原则，和平共处、尊重各国领土完整、互不侵犯、互不干涉等。第二要坚持市场运作，坚持互利共赢。第三，先基础设施实现互联互通，逐步进行生产要素流动与产业转型发展。第四，积极推进贸易投资便利化，通过制度安排来降低贸易成本和投资成本，实现沿线国家的开放经济命运共同体。

所以，我们国家现在在做的事情，一是积极共建“一带一路”战略，积极拓展开发新型经济新空间，建设开放性积极新体制，推动人民币国际化，这是一条路。二是积极发展自由贸易区，实现贸易投资便利化，通过制度安排来降低贸易成本和投资成本。

那么，浙江企业应要紧紧抓住“一带一路”战略机遇。

第一，“一带一路”沿线国家，有着占全球60%以上的人口和劳动力。如果沿线国家的消费市场能够运转起来，全球60%的人口消费市场就在这里，这个巨大的市场是我们发展的新机遇。

第二，“一带一路”沿线国家GDP占世界GDP的40%，美国为首的TPP协议国家GDP加总也占世界GDP的40%。“一带一路”的国家经济增长率高于世界平均水平，经济发展和经济增长具有很大新空间。

浙江企业产业怎么选合作伙伴？怎么合作？

为了便于分析，我们把“一带一路”产业合作战略分为三大类。

第一类国家，主要是蒙古、俄罗斯、哈萨克斯坦、乌克兰、白俄罗斯等国家，能源产业和资源有比较优势，但机械、运输设备、制成品、化学品等产业，优势不明显，浙江企业可以在机械、设备零部件、汽车、医药等方面与之开展合作。还有，哈萨克斯坦、俄罗斯和白俄罗斯等国对蔬菜水果需求量比较大。

第二类国家，主要是阿富汗、伊朗、伊拉克、沙特阿拉伯、叙利亚、土耳其、阿塞拜疆、格鲁吉亚、亚美尼亚、以色列等。伊朗、伊拉克、沙特，是石油和天然气丰富的国家。像阿富汗、伊拉克要战后重建，伊朗、伊拉克、叙利亚需要大量的建设用钢铁和有关材料，伊朗、沙特、阿塞拜疆、亚美尼亚对食品进口需求比较大。

第三类国家，主要是缅甸、越南、泰国、马来西亚、巴基斯坦、印度、孟加拉国，它们的优势产品是什么？农产品、渔业、服装。缅甸、越南的红木、天然的橡胶等，巴基斯坦、印度的纺纱和服装，泰国的谷物等。印度对钢铁、运输设备有需求，电力缺乏，印度是人口大国，市场规模很大，我们帮助印度建成现代化电力体系和交通体系，就会加快印度工业化发展进程。浙江企业与东南亚和南亚国家，在加工制造业和贸易投资方面，有巨大合作空间。

从三大合作类型来看，浙江企业在“一带一路”沿线国家可以有很多合作项目和合作机遇，通过与“一带一路”沿线国家合作，可以为浙江企业拓展发展新空间，加快企业和产业转型升级。

如何规避建设“一带一路”的潜在风险

“一带一路”的实施有重大战略意义，但也有三大潜在的风险。

首先，这些发展中国家路修好了，电弄好了，设施弄好了，工业化得到快速发展，那么替代我们国家的贸易转移会更快，因为他们有成本优势，劳动力比我们便宜。我们必须要考虑这样的事实，你不能帮助人家却损害自己的利益，搬起石头砸自己的脚，因为贸易转移已经很明显了。整个世界的需求规模是在扩大的，但我们的贸易越来越难做了，因为被替代了。

第二个问题，就是我们要技术创新，我们要创新驱动。我们仔细分析这"一带一路"沿线的65个国家，技术值得我们学习的不多，我们现在要改革两样东西，一个是制度，要加强制度完善。要学习什么？肯定是学习美国、欧洲这些国家。比如诚信体系制度，这些国家有很完善的诚信体系。还有核心技术观念和科技人才，这些都是我们当前在转型升级创新中迫切需要的东西。所以我个人的想法是中国要加快"一带一路"建设和推动亚太自贸区或者中欧自贸区的建设。

我们做过一个研究，发达国家和发展中国家打交道，谁拿到的好处更多？

我们对比过欧盟十加三，对比过欧盟，对比过北美，结果发现，在自由贸易区的建设过程中，北美是墨西哥拿的好处最多，墨西哥经济快速发展，因为他成本也低，大量的免税商品进到美国去了。亚洲的东盟中，谁拿的好处多呢？越南、菲律宾、缅甸拿到的好处多。穷人跟富人打交道，穷人好处多。

所以，你要跟富人多打交道。我们一方面要跟发展中国家合作，还要在多元平衡后跟发达国家合作。

整　理　陈　骥，梁建伟
摄　影　尹炳炎
时　间　2015年10月17日
地　点　浙江图书馆二楼报告厅

浙　江　人　文　大　讲　堂

郭学焕

浙江诸暨人，中共党员。毕业于浙江大学机械系。现为浙江省文史研究馆副馆长、中国书法家协会会员、西泠印社理事、中华诗词学会会员、浙江省作家协会会员。2002年以来，由人民日报出版社出版《郭学焕诗书篆刻作品选》《郭学焕诗选》和散文集《岁月金兰》《饮马衢江》，人民交通出版社出版散文集《驰骋浙江》(两卷)，作家出版社出版散文集《求学路上》，浙江人民出版社出版《孔子后裔在浙江》。

孔子后裔在浙江

浙江是我国古代文明的发源地之一，也是吴越文化重要的发祥地。浙江历史悠久、文化灿烂、人杰地灵。

浙江也是孔子后裔的重要聚居地之一。孔子堪称一位光耀千古的文化巨人，两千多年来，他的思想一直影响着我国社会，而且还将继续产生影响。如今孔子后裔遍居全国各地、世界各国，据2009年出版的《孔子世家谱》记载，今在世可考可续者达一百余万人。而浙江则是孔子后裔重要的徙居地，也是人数最多的省份之一，衢州是“孔氏南宗”所在地。

我曾在衢州工作过，因此有缘走近孔氏南宗，从此对孔氏南宗多了一分了解，与孔氏后裔多了一些交往。退休后，我到省内外各地察访、查询、求证和梳理，历时两年多，完成了《孔子后裔在浙江》一书，2013年11月份由浙江人民出版社出版发行，2014年6月第二次印刷，2014年11月，《孔子后裔在浙江》获第二十八届华东地区优秀哲学社会科学图书一等奖。

浙江的孔裔很多，我不可能一一记述，也并非为其立宗谱，本书旨在厘清浙江孔裔的主要宗派、支系及其分布、繁衍的脉络。

为此，我抓住“三个重要”来记述，即“重要的历史时期”“重要的历史事件”“重要的古今人物”。

孔子后裔来到浙江主要有三个历史时期

孔子后裔来到浙江主要有三个历史时期。

第一个时期，东汉末年，孔子二十二世孙孔潜避乱并仕居浙江会稽。

《汉书》载："东汉末年，北方战火连绵，孔潜避迁会稽（今绍兴），因家焉。"孔潜是第二十一世孙孔郁的第二个儿子，孔潜子孙在当时的东吴政权中多任重要官职。

那么，如今孔潜后裔又在绍兴何处呢？我带着这一问题，查找资料，遍访绍兴各县（市、区）孔姓的集居地，一个村一个村地走访。

正当我遍访无着时，获悉当年松江府青浦县（今上海市青浦区）有一个孔宅村，曾建有孔庙，称是汉末会稽孔潜后代落脚之地。同时，我在宁波天一阁博物馆也查得《四明慈水孔氏宗谱》，发现在其"流寓支派"处记载着"一支在南直松江府华亭县，系三十四世孔桢子孙"。查《孔子世家谱》，孔桢正是孔潜之后。

接着，我到上海青浦区（即华亭县）做了一次考察，找到了孔宅村。然而此地已辟为青浦经济开发区，孔宅村也已被拆迁，留下了一家"钉子户"，户主正是孔姓，主人叫孔祥汉。他给我们讲述了孔宅孔庙的古今，他说，新中国成立前孔庙每年都举行祭祖活动，连当时青浦县长都参加过祭孔。

《青浦县志》载，康熙四十四年（1705）皇帝南巡，道经孔宅，康熙还为孔宅御书额联："泽衍鲁邦，四海人均化有；裔分吴会，千秋世永蒸尝。"孔祥汉告诉我，他小的时候，在孔庙里还见过这副对联。

历史变迁，如今古迹不存。曾经辉煌的孔宅孔庙，只留下两棵古银杏，依然枝繁叶茂。

孔桢子孔季诩后失考，后来由浙江衢州孔裔徙居青浦孔宅沿传至今。

《嘉庆松江府志》记载，当年由衢州迁徙至青浦孔宅的，是四十八世孔端己的后裔及六十七世孔毓行。

第二个历史时期，后唐庄宗同光二年(924)，四十二世孙孔桧避居浙江平阳。

历史上，孔子世家曾遭遇了一场劫难。后梁乾化中(约913)，孔府家丁孔末起乱篡位，杀泗水县令、孔子四十二世孙孔光嗣，史称"孔末之乱"。

孔光嗣的堂兄孔桧避乱，辗转来到浙江平阳，以"教授生徒为业"，居平阳城关镇白石街，称浙江平阳派。16年后，孔桧又携三子孔泗隐居瑞安大日里，卒后葬瑞安静水山后。

浙江平阳派分三支，长子孔演子孙主要居住在平阳；二支孔滦子孙主要在江苏高淳、溧阳等地；三支孔泗子孙除在温州的瑞安、龙湾区四甲、苍南新渡外，还居住在安徽、江苏和吉林等地。

第三个历史时期，北宋灭亡，南宋建炎三年(1129)，宋高宗南渡。孔子四十八世孙、衍圣公孔端友与族长孔传等率众族人南渡来到浙江。

靖康二年(1127)二月初，金兵攻陷汴京，宋徽宗、宋钦宗成了阶下囚，北宋灭亡。这一年的五月初一，宋徽宗第九个儿子康王赵构，时任河北兵马大元帅，在应天府(今河南商丘)登坛受命即位，改元"建炎"，史称"南宋"，宋高宗赵构为南宋第一位皇帝。

建炎元年(1127)秋天，金兵南下，十月，高宗从水路来到扬州。建炎三年(1129)正月，金兵继续追击，高宗仓皇南逃，过长江来到浙江临安(今杭州)。在山东曲阜的孔氏族人留端友弟端操守护孔庙、孔林，若鉴、端秉等辅佐，衍圣公端友和族长孔传则带领其余族人百余，尾随高宗来到临安(今杭州)。这是历史上孔氏家族最大的一次迁徙，史称"扈跸南渡"。

高宗念衍圣公孔端友家族随驾南渡有功，遂赐家衢州。从此孔端友和孔传便寓居衢州，建立家庙，繁衍生息，发为望族，是为孔氏南宗。此后，孔氏族人落居浙江各地。

宋高宗赵构赐家衢州有几大主要原因

衢州，历史悠久，古为扬州地域，周为姑篾国封疆，秦为太末县地。汉初平三年(192)，分太末县西境置新安县，县治设在现衢州城区，至今已有1800多年历史。南北朝陈永定三年(559)置信安郡，唐武德四年(621)置衢州。

浅析宋高宗赐家衢州的缘由，主要有以下几点。

第一，衢州地处浙西，与安徽的黄山、江西上饶、福建南平毗邻，有“四省通衢”之称，是交通要道。自春秋至唐、宋，都是江、浙入赣、闽之要道。陆路如此，水路亦是如此，钱塘江上游常山港、江山港、乌溪江在衢州市区汇入衢江。在以水运为主的年代，衢州是江浙入赣、闽的重要通道。

如宋杨万里，江西吉水县人，归家多走水路，乘舟从钱塘江转经富春江、兰江、衢江、常山港，途经衢州，留下了不少诗篇。

有一次他在开化县境登岸后，宿杨林池，有诗云：“两岸万山如走马，一帆千里送归舟。”在《过招贤渡档四首》中有句：“归舟曾被此滩留，说著招贤梦亦愁。五月雪飞人不信，一来滩下看涛头。”作者在诗前还有一小序：“余昔岁归舟经此，水涸舟胶，旅情甚恶。”

第二，当时的衢州，经济和社会事业亦繁荣发达，可称是一个富庶之地。

资料显示，宋熙宁十年(1077)，浙江各州州城商税排行表记录依次为：杭州114418.606贯、衢州39383.872贯、湖州39312.017贯等。可看出，当时衢州州城商税在全省各州中列第二位，仅次于杭州。

第三，衢州文化昌盛，群星荟萃。资料显示，北宋两浙路各州进士人数统计表内记录，衢州的进士数为250人，排位第二。排位第一的是常州，进士数为498人；第三位的是湖州，进士数为242人。

第四，选择衢州作为孔裔落脚安居之地又一个重要原因，是当时金兵未曾染指衢州，衢州相对偏安。对于饱经战乱、背井离乡之苦的孔氏家族来说，能平平安安地定居下来，建立家庙，祭祀先圣，是太重要了。

当年孔端友和孔传率族人南渡时，带领若钧、端朝、端木、端问、端已、端廉、孔瓒等近支族人百余南下，其中端字辈就有近 30 人，可以说孔氏家族的大部分精英来到了浙江，因而，浙江是孔氏家族重要的徙居地，也是孔氏人数最多的省份之一。

在浙江的南渡孔裔大的支系有十五支

我梳理了一下，并按《孔子世家谱》所列的世系排序，如今在浙江，南渡孔裔大的支系有十五支，他们分别是：

（一）南宗派，始祖孔端友，赐居衢州。后裔在浙江还有南浔支、杭州支。

（二）浙江温岭支，始祖为四十八世孙孔端廉。建炎三年（1129）春，南渡寓衢，端廉父若虚去世后，端廉携子徙居温岭江绾。徙居温岭江绾的还有：来自福建莆田的河南郏县派、四十五世孙孔延集，后又再徙玉环、乐清、天台、路桥和宁海等地；江西临江派、四十九世孙孔彦邦。

（三）钱塘支，始祖四十九世孙孔珵，父端禀。南渡时，端禀留曲阜家庙，协助端操掌管印鉴、管理庙产。建炎四年（1130）二月，获悉衍圣公端友等赐家衢州后，令其子珵南下衢州。同年七月珵渡江至衢州，遂寓西安（今衢州）菱湖，三传至万山，始由衢州徙居钱塘定南乡龙潭。现在其后裔主要集居在西湖区双浦镇东江嘴村以及转塘一带。

（四）四明慈水支。始祖为四十九世孙孔琛，是四十八世孙孔端节的第二个儿子。随驾至明州（今宁波），遂与子授流寓奉化四明山，称“四明慈水支”。授子文祐，自奉化转寓慈水李碶（今宁波江北区庄桥街道孔家庄）。

孔琛之后，六十一世宏公，又迁鄮东（今宁波鄞州区）韩岭，称“四明慈水韩岭房”。

（五）慈溪派，始祖四十九世孔瓒，四十八世孔端节的第六个儿子，南渡后，家衢州。绍兴元年（1131），随从父端节徙居安徽歙县，后在江苏、安徽等地为官，其间，瓒复转徙霅川（今湖州）。孔瓒后裔再徙浙江各地，有慈溪支、萧山苎萝支、富阳支、桐乡支、象山支等。

（六）徽州支，始祖四十八世孙孔端朝。建炎三年（1129），南渡后，家衢州，又特授徽州黟县令，遂居黟县，后知临江（江西临江）军。子孙迁居浙江婺州（今金华金东区）。

（七）衢州派，四十七世孔传，原名若古。建炎三年（1129）以族长身份率从扈跸南渡，赐家后，居衢州。绍兴三年（1133），孔传知抚州（今江西抚州），兼管内劝农使，著《东家杂记》，卒葬衢州。

（八）宁海支，五十三世孔淋，迁宁海城南，为始祖。

（九）婺州支，始祖四十八世孔端躬，若钧长子，南渡，留居永康榉川（今磐安榉溪）。后再徙外地，有仙居支、东阳支、天台支、缙云支、永康支、金华支、嵊州支等，此外还有迁居新昌、武义的。

（十）永康西山孔村支，始祖孔端阐，若钧次子，后裔从榉川（今磐安榉溪）徙居永康山西孔村。

（十一）东阳孔山支。四十八世孙孔端任，若钧三子，迁徙东阳南岑（今东阳城东街道堂鹤村），妻李氏，因舅氏无嗣，长子守义奉父命，易姓李，此脉以孔山李氏传。

（十二）萧山砾山支，始祖四十八世孔端思。南渡后，以教授杭州府学，寓杭州钱塘定南乡。四传至沁徙居萧山砾山（今萧山义桥）。以后再徙者有绍兴支、富阳支。

（十三）萧山觉山支。四十八世孙孔端修的后裔，始祖为五十三世孙孔汭。主要居住在萧山临浦一带。

（十四）慈东李溪支，始祖孔端原，南渡后，据《慈溪县志》记："本年帝至明州，次于定海。留端原审观形势，端原遂滨江居慈东李溪（今宁波江北区庄桥办事处孔家庄）。"

（十五）诸暨支。始祖五十一世孙孔源明乃是四十八世孔端穆之后。端穆随端躬寓居榉川（今磐安榉溪）。其五十一世孔源明因仕婺州，后迁居诸暨枫桥。

此外，我在寻访孔裔时还发现两支：一是，徙居宁波鄞州区章水镇的四明章水孔裔一支，始祖系四十八世孔端地，南宋年间由奉化溪口迁至章水。有自己的家谱，但对照《孔子世家谱》，无法找到这一支的记载；二是，聚居在长兴林城镇的河南光山支后裔。

综上所说，浙江的孔裔大的支系（派）大概如下：第一个历史期迁徙浙江的会稽孔；第二个历史时期迁徙的平阳派；第三个历史时期南宋初扈跸南渡的15支（派）；徙居温岭的河南郏县派、四十五世孙孔延集支，江西临江派、四十九世孙孔彦邦支，还有新发现的鄞州四明章水孔和长兴的河南光山支等。

孔氏南宗的传承和袭封是怎样变迁的

孔子后裔徙浙江前后已逾千年，其间发生过不少重要的历史事件，《孔子后裔在浙江》一书的35篇文章内都有记述，我这里只能选择部分稍作介绍。

先介绍孔氏南宗的传承和袭封。

中国历史上，自汉武帝"罢黜百家，独尊儒学"以来，历代封建王朝奉孔子为"万世师表"，对孔子追封谥号，对其嫡裔宗子封爵增隆。

汉平帝元始元年（1），追谥孔夫子为"褒成宣尼公"，这是最早给孔子的追谥。唐玄宗开元二十七年(739)封其为“文宣王”。

此前,孔子的后嗣早已得封。汉高祖十二年(前195),高祖封九世孔腾为奉嗣君。圣裔受封自此始,此后各代有过改封。宋仁宗至和二年(1055)二月,四十六世孔宗愿改封衍圣公,“令世袭”,从此衍圣公封号沿袭至1935年,承袭了28世,30余人。

孔氏后裔由当政者赐字取名。明初,定10个字,明天启年间续20个字,民国8年(1919),再立20个字,共50个字。

衍圣公孔端友定居衢州,繁衍生息,五传至孔洙,孔洙是南渡后在衢州的第6位衍圣公。

至元十六年(1279),元世祖忽必烈统一全国,世祖皇帝请孔洙回山东曲阜袭爵主祀。然而洙以五代祖宗的墓道在衢州,尚待护持为由,奏请皇上恩容留衢,而让衍圣公爵给曲阜族弟五十三世孙孔治。忽必烈赞孔洙:“宁违荣而不违道,真圣人之后也。”

孔洙让爵后,孔氏南宗失爵。

直到五十九世孔彦绳,时任衢州知府沈杰知道流寓衢州的孔氏乃是孔子嫡长传承一脉,弘治十八年(1505),沈杰向明孝宗呈《乞添衢州孔氏官职及置田疏》,获准,授封孔彦绳为翰林院五经博士,此后,孔氏南宗逐代沿袭。

民国2年(1913)4月20日,颁布《崇圣典例》,主张废爵,规定圣裔之后均“改为奉祀官,世袭主祀”。据此,孔氏南宗七十三世孙、翰林院五经博士孔庆仪改为“大成至圣先师南宗奉祀官”。而此时山东曲阜袭封衍圣公的孔令贻却未改爵,直至民国24年(1935)袭封衍圣公的孔德成,改为“大成圣圣先师奉祀官。”

孔庆仪子三:孔繁豪、孔繁英、孔繁杰。民国13年(1924),孔庆仪去世,七十四世孔繁豪承袭奉祀官。

1944年,孔繁豪卒于庆元县大济村。孔繁豪无子,遗嘱立胞弟孔繁英之子孔祥楷承继于他，承袭奉祀。七十五世孙孔祥楷承袭奉祀官。新中国成立后，不再沿袭，孔祥楷成了大陆最后一位奉祀官。

祖传的孔子夫妇楷木像为什么现在到了山东

1990 年 1 月，我调衢州任市长。当我第一次踏进孔庙参观时，在思鲁阁发现供奉在案桌上的一对孔子与亓官夫人楷木像，相传为孔子弟子子贡雕刻。这是四十八世孔端友扈跸南渡随身携带的几件珍品之一。

1930 年初夏，龙游籍方志专家、鉴赏家余绍宋先生拜谒家庙时，曾为两尊楷木像摄影题词，称“今观两像，木理坚结，几化石质，而雕刻又极古朴浑穆，虽不敢(说)必其出于子贡，要为汉以前人制，则无可疑”。

1939 年，日寇入侵时，为保护圣像免遭劫难，国民政府令七十四世孙、奉祀官孔繁豪护送楷木橡到龙泉、庆元，后在庆元县县长吴醒耶的帮助下，落居庆元县大济村。

民国 35 年(1946)8 月 27 日，圣像终于迎回衢州家庙供奉。其时，还举行了隆重的圣像还庙典礼。

1952 年 7 月 12 日，楷木像从衢县中心文化馆调入省博物馆，1959 年 9 月 27 日，山东省以庆祝国庆十周年为由，向浙江省博物馆借去用于复制，借期半年。

遗憾的是，山东方面一直未将孔子夫妇楷木像归还，后来说是遗失了，便以一对复制圣像交给浙江，这就是现在供奉在衢州孔氏南宗家庙内的圣像。从此圣像再也没有面世。

事后浙江博物馆也催讨过，但未果。这里有一份 1960 年 1 月 6 日山东省曲阜县文物管理委员会的复函，内有这样的表述：“关于寄还楷木刻孔子像和孔子夫人像问题，现越期已久，本应早日送上，请原谅。”

2006 年全国人大会议上，时任中共衢州市委书记的厉志海领衔提出建议，要求国家协调归还孔子及亓官夫人楷木像。此建议后转山东省办理，2006年7月10日，山东省政府办公厅给厉志海代表做了答复。答复称："我省文化部门对您的建议十分重视，进行了专门研究，并责成曲阜市文物局认真核查。曲阜市文物局安排专人进行了多方面的工作，经查对按照国家规范建立的孔府文物藏品记录档案账册，找到了这两件藏品。"答复还称："孔子及亓官夫人楷木雕像藏品属于孔府珍贵文物，按照现行《文物法》规定，对它的任何变更都必须按程序报请国务院文物管理部门批准。"

当年由衍圣公南渡，赐家衢州，建立家庙，承袭祭祀，圣像一直供奉于衢州孔氏南宗家庙的这段历史已经尘封。楷木像借给山东省曲阜县文管会用于复制，借期半年，后因故未归还的这段历史也成了往事。然而历史事实总归是历史事实，只能正视，不能回避，更无法抹去。圣像尚在，值得庆幸，但是不能复归，对于孔氏南宗来说，乃是一大憾事！

孔氏家庙大陆留存三处，浙江居其二

全国的孔庙很多，州、县皆有，也是州、县学所在地，故亦称"文庙"。只有孔子子孙所建祭祀先圣的称孔氏家庙。如今大陆留存的仅存三处，除山东曲阜外，还有两处在浙江，一是衢州孔氏南宗家庙，二是磐安榉溪孔氏家庙。

衍圣公、四十八世孔端友赐家衢州初奉诏以衢州州学为家庙，延续一百多年后，应孔子五十三世孔洙之请，宝祐乙卯(1255)，时任衢州郡守孙子秀奏请皇上，拨官钱35万缗，首建孔氏南宗家庙于衢州郡东北菱湖塘。《孔氏家庙碑记》内载"广至二百余楹"，"规模弘阔，比拟曲阜"。

此庙在宋末元初毁于兵燹。

明永乐初(约1403)，礼部尚书胡濙过衢，见此状况，遂命有司迁家庙于崇仁坊。明武宗正德十五年(1520),再移建家庙于先义坊西安学宫旧址,此即今家庙所在地。

此后历代都有修葺,新中国成立后,人民政府曾多次拨款修葺,使之保存完好。1996 年 11 月公布为全国重点文物保护单位。

庙内有先圣遗像碑。碑的落款为"扈跸南渡四十七世孙、兵部尚书传,四十八世袭封衍圣公端友敬立"。碑的背面为"诏建衢州孔氏家庙图"。

1992 年、1994 年衢州市先后被批准为省和国家历史文化名城时,孔庙是一项重要内容。

新中国成立后,由于种种原因,孔庙祭祀中断达五十多年。改革开放以后,我国经济、社会事业快速发展,文化事业更加繁荣,国泰民安。

2004 年 9 月 28 日,孔子诞辰 2555 周年纪念日,在衢州孔氏南宗故里衢州举行新中国成立以来南孔首次祭孔暨国际儒学论坛。祭祀大典在南宗孔庙大成殿前举行,由衢州市人民政府主办,海内外嘉宾七百余人参加公祭。我也应邀参加,目睹了这一盛况。

恢复祭孔是孔祥楷先生一大心愿,也是他首先提议的。南宗祭孔一大亮点是按照现代人祭孔的方式,由社会各界公祭。现代人祭孔,着现代服装,吟诵的是"子曰",没有华丽的服饰、舞蹈和古乐旧器的演奏。

祭孔前,孔祥楷经过认真思考,并听取各方意见,把大成殿内原来奉祀的"大成至圣先师之神位",改成了"大成至圣先师孔子"。他认为孔子不是神,儒学不是教。孔子创立儒家学说,初衷是治世治人,以和为的,以仁、义、忠、信、恕为径,求得社会和谐,进而达到"大同"。孔子是人,是两千多年前的一位贤哲。故而,孔子牌位不应写上"神"字。

继 2004 年首祭后,衢州市决定每年一小祭,两年一中祭,五年一大祭。并且以一年公祭,一年学祭,轮番举行。从此孔氏南宗家庙每年都有祭孔活动,而且每届都有新意。省政府的领导也出席过这一活动。

浙江的第二座孔氏家庙坐落在磐安县榉溪村。

世居榉溪村的孔子后裔，其始祖为四十八世孙孔端躬。孔端躬，大理事评事。南宋初随衍圣公孔端友扈跸南渡，到达临安后，孔端友赐家衢州，端躬则陪父孔若钧等随驾一路逃亡至绍兴、宁波、温州。

建炎四年(1130)四月金兵北撤后，遂经台州返回杭州，行至台州章安镇(今临海)时，因思念已寓衢州的孔端友，欲赴衢州与其会合，便奏请皇上恩准，遂伴父携子带领一家老小踏上了经婺自永康至衢州的旅途。到永康榉川(今磐安榉溪)时，若钧病倒了，不久亡故于榉川。端躬料理好父亲的后事，又按例守墓三年。三年后，端躬决定，不再为仕，也不去衢州了，便定居榉川，繁衍生息，发成大族。

为继承先祖家风遗训，祭祀孔氏先圣，120多年后，后裔在榉川建立家庙。据《磐安县志》记载，宋理宗追念端躬随宋高宗南渡之功，以衢州孔氏家庙例建榉川孔氏家庙，并赐"万年师表"金匾一块，建庙时间也在宋宝祐年间。

清初，榉溪孔氏族人自发筹集资金重建于现址。2006年5月25日，国务院正式公布榉溪孔氏家庙为"全国重点文物保护单位"。

榉溪孔氏家庙建立以来，孔氏后裔照例举行祭孔活动，自明清以来，祭孔分为"各家墓祭"和"合族庙祭"，一般在清明节举行。

20世纪80年代以来，婺州南宗重新恢复了祭孔典礼，在传统的基础上，融入了磐安民间艺术表演，形成了有山乡特色的婺州南宗祭孔典礼。

整　理　章咪佳
摄　影　尹炳炎
时　间　2015年10月21日
地　点　浙江科技学院图书馆东报告厅

吴敬琏

男，中国经济学界的泰斗，当代中国杰出经济学家、著名市场经济学者。现任国务院发展研究中心研究员、中国人民政治协商会议全国委员会常务委员兼经济委员会副主任、国务院信息化专家咨询委员会副主任、国务院发展研究中心学术委员会副主任；中国社会科学院研究生院教授、北京大学经济学院教授、中欧国际工商学院宝钢经济学教席教授；国际经济学会执委会成员、国际管理学会(International Academyof Management, IAM)会员；香港浸会大学、香港大学荣誉社会科学博士。1984—1992 年，连续五次获得中国"孙冶方经济科学奖"。2003 年获得国际管理学会(IAM)"杰出成就奖"；2005 年荣获首届"中国经济学奖杰出贡献奖"。

经济结构如何优化？

经济结构优化，是20年以来中国经济发展的核心问题之一。越来越多的人意识到：中国经济高增长、低效率、靠大量投资支撑的旧常态存在问题，它必然要过渡到一种新的常态。

第354讲浙江人文大讲堂联合浙江财经大学，邀请到中国经济学家、国务院发展研究中心研究员吴敬琏先生，请他解读中国的经济结构存在的问题，该如何过渡到新常态。

政府主导“调结构”往往加剧资源误配

优化经济结构问题是在20年前正式提出的。1995年，十四届五中全会提出了一个“九五”计划的建议，第一次正式提出要优化产业结构。

当时“结构”的概念还沿袭过去的说法，主要集中在产业结构的问题上。“九五”建议提出加强第一产业，调整和提高第二产业，积极发展第三产业。

但是到了“十五”计划期间，又出现了回潮。“十五”计划提出的产业结构跟“九五”计划的要求有一点相逆，就是进一步强化了第二产业，特别是第二产业中的重化工业，鼓励大规模投资。

"十五"计划结束的时候，出现了反对意见，认为所谓"中国进入了重化工业化时代"不管从理论上还是实际的政策上，都是不正确的。

这个结构扭曲不仅是三个产业结构上的扭曲，更深入的问题是投资和消费失衡，投资率超过了所有历史阶段的高度。

经济学家也参与了这个讨论。我印象比较深的是在2006年的中国经济50人论坛田横岛会议。论坛上，大家一致认为内外经济结构失衡问题很严重。内部经济最主要的失衡是投资与消费的失衡；外部经济的失衡，最突出的表现是外汇存底超常的增加。

结构失衡这个问题应该采取什么措施解决？不同的阶段有不同的说法和做法。

"九五"计划的建议里提了一个应对问题的路子，叫作两个根本转变：第一个是增长方式从粗放型的增长转向集约型的增长；第二个是经济体制从计划经济向市场经济转变。第二个根本转变是实现第一个根本转变的制度基础。

"九五"计划执行得不错，增长模式的转变和结构优化都有一定的推进。可是"十五"计划期间出现了某种程度的逆转，投资率进一步提高，第二产业一业独大现象更加突出，所以制定"十一五"的时候又重新提出了增长方式转型和结构优化的问题。

官、产、学各界人士讨论了经济增长方式转型不如意的原因。得出的结论是：存在增长体制性障碍，主要是政府拥有过大的资源配置能力和把GDP增长速度看作衡量政绩的标准。

"十一五"规划提出的应对办法跟"九五"一样的，就是重申要靠改革打破经济增长方式转变的体制性障碍，转变经济增长方式。

但是"十一五"在体制改革上没有大的推进，而是逐步演变为由政府"有保有压""有扶有控"地"调结构"，突出了政府的作用。

比如行政审批。审批制改革时，颁布了《行政许可法》来收拢设立行政许可的权力。用现在的话来说向“负面清单”走，把“正面清单”缩短。

但 2004 年一出现经济过热，就用“有保有压”“有控有扶”的办法去调结构，就大量地恢复审批。审批制改革和《行政许可法》形同虚设。

所谓结构失衡，本质上就是资源的误配。政府不具有知道什么是好结构的能力。好的结构，只能由微观主体在市场活动试错中形成。而政府去调结构，往往会加剧资源的误配。

经济增长的驱动力从增加投资转向提高效率

经济结构这个问题需要在基本理论上把它搞清楚，最基本的分析框架是所谓的新古典的生产函数：

$$Y = A \cdot L^{a} \cdot K^{1-a}$$

Y 是总产出，总产出由三个因素决定的，L 是劳动，K 是资本，A 学术上叫作索洛余量。原来分析经济增长动力的时候，只看到资本和劳动。如果没有新增的劳动力，那么人均的产出就是由资本量决定的，增长是由新增资本，即投资决定的。

20 世纪 50 年代，美国经济学家索洛对这个分析方法提出了异议。他指出，如果这套结论是对的，那么由于投资报酬递减的规律，为了保持一定的增长率，投资率就必须不断提高，否则增长率就会降低。

然而，美国在 20 世纪的前 49 年的数据表明，美国的投资率并未提高，但增长率也没有降低。索洛提出了一个假说，认为影响经济增长的因素除劳动和资本外还有一个，就是索洛余值。

索洛给它的定义是技术进步，别的经济学家也都做出了不同的界定。

美国经济学家库兹涅茨说 A 是在科学基础上的技术的广泛运用。第一次工业革命以前，技术是从实践中来的。第二次工业革命后，技术越来越建立在科学研究的基础上，技术进步的广度和深度都很不一样。

另一位美国经济学家舒尔茨说 A 是人力资本，也就是劳动者知识和技术的投资，他认为人力资本是回报递增的。

但他们讲的其实都是一回事。在实际的经济分析报告中，A 就是全要素生产率（TFP）。在做经济计算时，总产出除去资本和劳动的贡献后，剩下的余额就是 TFP。

资源具有稀缺性，如果单纯依靠资源投入，结果一定会出现投资和消费的失衡和产业结构的失衡。所以根本的办法是转变经济增长的模式，找到新的动力。这个动力可以是技术进步、效率提高，或者说是人力资本贡献的增强。

打破体制性障碍，用创新推进发展转型

根据前面的分析，当前应对困难的方法应当是在保证不出现系统性风险的前提之下，把主要的注意力放在推进改革上，通过改革来消除经济发展方式的体制性障碍和实现经济结构的优化。

现在矛盾积累很多，怎么来防止出现系统性的风险呢？防止的办法应从两个方面来讲：

第一个方面是堵塞漏洞，释放风险。所谓堵塞漏洞就是不要贸然采取强制性政策，使风险持续积累；所谓释放风险包括归还欠账以降低杠杆率，“化大震为小震”。让风险在小的地方爆发，不要让它积累起来导致大震。

另一方面是运用财政和货币等短期政策。刚才我说不赞成用政策拉动增长，但是为了应对短期冲击所可能引发的系统性风险，还得用财政政策、货币政策和外汇政策等短期政策来爆发系统性风险。

但是要讲究用法，既要防止系统性崩溃，又要尽量去杠杆。

十八届五中全会通过的“十三五”建议规定了经济发展方式转型和优

化结构的正确道路。

“十三五”建议提出了创新、协调、绿色、开放、共享等发展理念。在这五项发展理念中，把创新放到了首位，指出“必须把创新摆在国家发展全局的核心位置”，“让创新在全社会蔚然成风”。

刚才我们讲到提高效率背后的主要动力就是创新。所以“十三五”建议提出的以上理念，确实抓住了要点。

要让创新蔚然成风，不是简单地做一个政治动员就能做到的。“十三五”建议告诉我们，关键在于形成能够激励创新创业的体制机制。

用五中全会公报的话说，就是“健全使市场在资源配置中起决定性作用和更好发挥政府作用的制度体系。以经济体制改革为重点，加快完善各方面体机制，破除一切不利于科学发展的体制机制障碍，为发展提供持续动力”。

认真贯彻、坚决落实五中全会决定，就能够通过市场制度的完善和法治的建立，激发创新创业的活力，克服眼下的困难，实现持续稳定的发展。

整　理　张冰清
摄　影　尹炳炎
时　间　2015 年 11 月 9 日
地　点　浙江财经大学学术中心报告厅

浙江人文大讲堂

施祖麟

清华大学公共管理学院教授、博导、区域与城市发展研究中心主任,国务院参事,浙江发改委顾问。主要研究领域为区域发展与创新。先后在《Journal of the Asia-Pacific development Monitor》《经济研究》《经济科学》《数量经济与技术经济研究》《瞭望周刊》《清华大学学报》等刊物上发表论文40余篇,其中被《人民日报》(内部参阅)和中共中央政策研究室《参阅资料》转载5篇,被EI引用1篇;主要著作有《UNESCO, Strategic Energy Issues In China》《迈向2020年的中国》《中国能源战略研究》等。施教授还曾受浙江省发改委委托,主持完成"台州市经济发展模式研究""湖州市产业集群战略研究"等项目。

当前国际背景下浙江的经济发展之路

近年来，浙江经济表现相当不错，经济增速虽有所放缓，但高于全国平均水平，浙江的经济地位不断提高。

当然，浙江经济也存在一定问题：产业中低端的地位没有发生根本改变，2014 年，纺织业仍然是浙江工业第一大行业，工业成本费用利润率为 6%，低于全国平均水平 6.4%；高新技术和战略性新兴产业又陷入“高端产业价值链低端化”的陷阱。

问题面前，浙江经济也面临重大机遇，该如何把握？本期浙江人文大讲堂，我们请到了国务院参事、清华大学公共管理学院教授施祖麟，请他为浙江经济把把脉。

经济学有四大要素，包括劳动力、资本、技术和资源。

要发展经济首先要有人力，即劳动力或技术人员；其次，要有资金。因此，经济学最典型的描述就是所谓生产函数，这其中的两个因变量就是劳动力和资本。除此之外，技术很重要，原材料、能源等资源也很重要。

但这并不表示，只要具备以上四要素就能发展经济，创造 GDP，或是生产产品。举个例子，同样具备经济四要素，为什么上海等沿海地区经济发展得好，到了中部地区就不行了呢？因为经济学里还有一门学问，叫作区域经济学。

区域经济最关键的是“区域”两个字，表面上指地理位置，实质上看的是区位条件，即交通情况的差异。这个地方，是靠上海近，还是贵州近？交通情况不同，区位条件自然不同。往往交通发达的地方，经济就相对要发达。所以大家都知道一条真理：要想富，先修路。区位条件还包括环境、水、空气和居住条件等。

在区位条件里，如果说交通是“硬条件”，那么还有一种“软条件”。“软条件”分为两条，第一条是政府的决策、服务能力，第二条是当地老百姓的习惯、习俗和传统，还包括当地文化。像江浙一带老百姓，自古以来就被认为是吃苦耐劳的典型；温州和台州之所以会成为市场经济改革的发源地，就是因为改革开放把当地人吃苦耐劳的特性发挥出来了。

区域经济还有个很重要的概念，专业术语叫“增长极”。说白了，就是某个地方要发展经济，必须有一个领头的东西，像磁铁的两极那样，把所有经济发展要素吸引过来，包括人才、资金、技术等。增长极发展到一定程度，才能带动地方经济的发展。

看浙江经济发展之路，必须要了解浙江的区域特点，了解浙江在国内和国际的经济发展这个大背景下，处于一个什么位置。

国际产业发展呈现新趋势

遭遇金融危机后，目前全球经济内生动力不足，经济增长速度恢复过慢、复苏脆弱且不均衡，结构改革举步维艰。统计显示，2015 年主要发达经济体就业情况虽有所改善，但失业率仍然居高不下，进而影响私人消费和内需带动经济增长的动力。

受此影响，遇到最大冲击的是能源和原材料市场。能源市场以石油为标志，由于中国需求骤降和美元持续升值，石油价格在去年下半年几乎被腰斩。煤炭价格也进入下滑通道。

过去十年，靠中国因素打造出来的商品超级牛市，已经基本结束，全球超低利率环境，让商品输出国的问题得以浮上水面，随着美国货币环境正常化和资金流回美元区，新兴市场可能出事的概率在增加。

总体来说，发达国家的经济整体呈稳步增长状态；发展中国家，尤其是新兴的经济体发展明显放缓，出现了内部分化——“金砖国家”中，印度和中国经济表现较好，巴西与南非或将陷入长期衰退，俄罗斯面临较大的不确定性。

发达经济体恢复发展，主要是因为国际金融危机发生后，发达国家纷纷实施“再工业化”战略，重塑制造业竞争新优势，加速推进新一轮全球贸易投资新格局。一些发展中国家，也在加快谋划和布局，积极参与全球产业再分工，承接产业及资本转移，拓展国际市场空间。作为“世界加工厂”的中国，已将一部分加工产业往东南亚转移。但在相对高端的产业链上的产业，我们要留住，而且还要承接国际上的转移，包括航空航天等。

与此同时，区域经济集团化不断深化与发展。亚太经合组织、北美自由贸易区的一体化合作也取得新进展，美国的战略重点从欧洲移向了亚太，美国的战略焦点从中东移到了东北亚。东盟的合作对话机制更加健全。欧亚经济联盟也在今年年初正式启动。

国际产业发展也呈现新趋势。新一代信息技术与制造业深度融合，正在引发影响深远的产业变革，形成新的生产方式、产业形态、商业模式和经济增长点。各国都在加大科技创新力度，推动三维打印、移动互联网、云计算、大数据、生物工程、新能源、新材料等领域取得新突破。

新常态下，国内区域经济发展有新趋势

在这种情况下，中国经济发展进入了新常态。新常态，说白了，就是

一个三期叠加的阶段——经济增速的“换挡期”，就像开车一样，原来是4挡，要改成3挡了；结构调整的“阵痛期”，因为经济结构要调整，有的要关门，有的要转型，有的要新办；前期刺激政策的“消化期”，改革开放以来的政策积累的问题需要逐步消化，像由于房地产改革面临的房价泡沫，尤其是一、二线城市，主要是北上广，杭州也是“重灾区”。

新常态里也有许多机遇。

第一个机遇，中国经济增速虽然放缓，但实际增量依然可观。即使是7%左右或以下的增长速度，以中国的经济体量，在全球也是名列前茅的。所以，现阶段对经济发展速度不要那么在乎，要的是质量，是低消耗、低污染的发展。

第二个机遇，中国经济增长更趋平稳，动力更为多元，运用创新宏观调控思维和方式，协同推进“新四化”化解“成长的烦恼”。“新四化”包括新型工业化、信息化、城镇化和农业现代化。让经济发展更多依赖国内消费需求拉动，避免依赖出口的外部风险。

第三个机遇，是经济结构优化升级，发展前景更加稳定。根据目前的统计，国内前三季度消费对经济增长的贡献率大于投资，服务业增加值占比也大于第二产业，高新技术产业和装备制造业增速高于工业平均速度，单位GDP能耗下降了4.6%。

第四个机遇，就是政府大力简政放权，市场活力进一步释放。这实际上就是说政府以前管的东西太多，令很多中小企业、小微企业发展有很多困难，所以从十八大以后，要发挥市场经济的决定性作用，改革企业登记制度，今年前三季度新增企业数，同比增长60%以上。

总体来说，国内经济处于全面深化改革时期，包括全面深化经济体制改革，以及全面深化民生、行政等其他方面的体制改革。

这其中，全面深化经济体制改革，面临前期高速增长到现在中高速增长的转型期，因此需要深化财税体制改革、完善金融市场体系、构建开放型经济新体制、加快政府职能转变。

正因为我们现在处于经济社会的转型期,《中国制造 2025》提出,坚持"创新驱动,质量为先,绿色发展、结构优化、人才为本"的基本方针,坚持"市场主导、政府引导,立足当前、着眼长远,整体推进、重点突破,自主发展、开放合作"的基本原则,通过以下"三步走"实现制造强国的战略目标。

第一步,到 2025 年迈入制造强国行列。

第二步,到 2035 年我国制造业整体达到世界制造强国阵营中等水平。

第三步,到新中国成立一百年时,我国的制造业大国地位更加巩固,综合实力进入世界制造强国行列。

所以,我们要走的路还很长。现在提出国内区域经济一体化要加快,最典型的就是京津冀的协调发展。京津冀整体定位是"以首都为核心的世界级城市群、区域整体协同发展改革引领区、全国创新驱动经济增长新引擎、生态修复环境改善示范区"。

就京津冀目前的形势看,北京是老大,天津不甘落后,但河北差距较大。京津冀协调发展这一战略,对河北来说,机遇很多,但问题也很多。比如,北京要疏散人口、产业,包括医院、学校,都要往外搬,可搬起来很难,像服装批发市场、蔬菜批发市场,需求在北京,搬到河北就可能会有问题。

国内区域经济发展的另一个趋势,是自由贸易区的建设。目前国家正式批准的只有 4 个,分别是上海自贸区、广东自贸区、福建自贸区和天津自贸区,后面三个是去年一块批的。4 个自贸区功能定位不完全一样,但运作机制一样,有助于提高对外经济的活力。

现在提倡大众创新、万众创业,也是中国经济发展的一个重要方向。这会带动传统产业转型升级,使初创企业迅猛发展,也带动了行业的发展，解决就业问题——2014 年，创新型企业吸纳应届毕业生超过 50 万人。创新创业环境的改善，还带动我国创新创业愈加活跃，不断有新的企业和业态产生，虽然现在还在启蒙阶段，但是众创空间已经开始有很多了。

浙江经济发展现状与机遇

从全国范围来看，近年浙江经济发展表现相当不错，经济增速虽有所放缓，但高于全国平均水平。浙江在全国的经济地位也在不断提高。

同时，浙江城市化发展成效显著。2013 年，浙江的城市化水平列广东、辽宁、江苏之后，位居全国第 4 位。到 2013 年末，浙江的县级市已达到 21 个，省直辖市也由 1978 年的杭州、宁波、温州 3 个，发展到现在的 11 个。

浙江的产业结构不断优化，第三产业比重在全国也处于平均水平之上。

有马云在，互联网经济更不用说了。浙江以互联网为核心的信息经济引领发展。2014 年，全省信息经济核心产业增加值 2781 亿元，占了全省 GDP 的 6.9%。同时，加快推进工业化与信息化深度融合，以信息化带动实体经济，成为全国第一个两化深度融合国家示范区。在这一背景下，“电商换市”等新业态迅猛发展，变革传统流通格局、创新型商业业态、提升区域经济竞争力，浙江由此成为国内电子商务活跃、集聚度最高、产业链最完整的地区之一。

浙江的产业集聚区地位也在不断提升，但是投入产出效率不高。全省有 14 个产业集聚区，电子商务服务业、网络信息制造业、智能装备制造业、新材料制造业和海洋生物制造业等主导产业得到快速成长。对外贸易也在稳定增长，但是高新技术产品比重不高。

以上是浙江经济发展的优势，当然，在发展中的浙江经济也存在一定问题。

比如，工业结构调整有效，但下行压力不断加大，产业中低端的地位没有发生根本改变。2014 年，纺织业仍然是浙江工业第一大行业：工业成本费用利润率为 6%，低于全国平均水平 6.4%；高新技术和战略性新兴产业又陷入“高端产业价值链低端化”陷阱。

相对来说，浙江的装备制造业整体发展比较平均，汽车制造业是一枝独秀。杭甬地区是全省装备制造业企业最为集中、规模最大的地区。

总体看来，浙江创新水平在不断提高，但质量还有待提升。

在这些背景下，浙江经济发展面临的重大机遇，是国家战略政策叠加。

首先是“一带一路”，能推动浙江海洋经济发展示范区和舟山群岛新区的建设。其次，是“长江经济带战略”，能提升杭州都市区的国际化水平，推进浙江舟山群岛的新区和浙江海洋经济发展示范区联动开发，优化提升沪宁合、沪杭主轴带功能。

浙江经济发展若干思考

提升浙江在“一带一路”建设中战略地位，这是有历史基础的。

浙江自古以来就有经贸往来的基础，境外合作区日益成为浙江参与“一带一路”建设的重要载体，包括中国义乌（坦桑尼亚）经贸合作区、泰国罗勇工业区、俄罗斯乌苏里斯克合作区和越南中国龙江经济贸易合作区。

浙江也是中国陆海开放的通道。“宁波—舟山港”货物吞吐量已连续 6 年居全国海港首位，义乌分别于 2014 年 1 月、11 月开通至中亚五国和西班牙首都马德里的国际铁路集装箱班列。在所有中欧班列中，“义新欧”是行程最长，途经城市和国家最多的火车专列。

浙江要做的是，以宁波舟山港集团有限公司为核心载体，推动其加快与省内的嘉兴港、台州港等深度整合的步伐，面向“一带一路”沿线城市，大力发展海铁联运、公海联运、海空联运等，进一步拓展港口腹地。海路铁路联动，就是要把经济腹地可运来贸易的产品，尽量往这个方向移动。过去这些产品都是先到上海、广州，通过香港出去，现在浙江也具备这个条件。

还要充分发挥义乌全球最大的小商品市场和“义新欧”中欧班列的独特作用，打造浙江向西融入“一带一路”的重要战略支点。以中国（杭州）跨境电子商务综合试验区为核心平台，发挥电商尤其是跨境电商的发展优势，打造“网上丝绸之路”，推动形成“一带一路”线上线下协同共赢的局面。

除了“一带一路”，浙江第二个要思考的问题，是如何全面对接上海及周边省区。尤其是全面对接上海，加强杭州跨境电子商务综合试验区、义乌国际贸易综合改革试点与上海自贸区的对接；加强宁波—舟山港与上海港的对接，构建新型竞争合作关系；立足舟山群岛新区和宁波保税港既有政策和地理优势，积极整合申请宁波与上海自贸区错位互补发展的世界级长三角自由贸易区新格局。由于资源环境约束及国际大都市定位，上海部分高端制造业将面临转移，浙江应积极承接上海民用航空装备制造、电子信息制造等高端产业，推进浙江制造业的发展。

此外，也要加强与海上丝绸之路核心区福建的全面对接；与长江经济带紧密联动，将浙江的经济腹地拓展至整个长三角地区，规划好交通连接。

第三个思考，是如何培育浙江新的经济增长点。可以从以下几个方面考虑。

第一，将信息经济培育成浙江新的经济增长点。加快全省信息基础设施建设，把浙江打造成为全国乃至全球信息基础设施最为先进、成本最低的地区之一。加快推进着眼于互联网应用的基础创新、管理创新、制造方式创新和商业模式创新，重点推进基于互联网应用的产业转型和创新发展、基于互联网应用的城市转型和智能发展，以及基于互联网应用的社会转型与智能服务。

第二，打造全省金融发展大格局。

第三，催生大众创业、万众创新新局面。

第四，使省内三大城市群（杭州湾、温州、台州）、四大都市区（杭州、宁波、温州、金华）互通互联。

这些都有可能是浙江今后经济发展的最大亮点和增长点。

整　理　沈蒙和
摄　影　董旭明
时　间　2015年11月18日
地　点　浙江外国语学院文三校区

浙 江 人 文 大 讲 堂

汪朝光

1958年10月出生,江苏南京人,著名民国史学家。现任中国社会科学院近代史研究所副所长,民国史研究室研究员,上海大学特聘兼职教授等。曾赴斯坦福、哥伦比亚等大学访问研究,任日本京都大学、东京大学等客座教授,是权威版本的《中华民国史》的主要编著者之一,也是《中国近代通史》的主要作者之一。

长期从事民国史研究,著有《中华民国史》第三编第五卷,《中国近代通史》第六、第十卷,《1945—1949:国共政争与中国命运》,《和谈将军张治中》等。代表作《中华民国史》第三编第五卷,全面叙述了自抗战胜利到国共内战期间的中国历史,资料丰富,分析精当,是战后中国历史研究领域中具有开拓性和原创性的著作。近年来又独辟蹊径,在民国时期电影社会史,如民国电影检查制度、民国时期的电影市场、上海电影与现代化进程等方面,有独创性的研究。

变幻的光影

——民国年间的中国电影

2015年12月底，正值大银幕上贺岁档电影硝烟四起的时候，在杭州师范大学仓前校区，影迷们正跟随那些衣香鬓影的浮华旧影，去探寻20世纪初，中国电影那曾经新锐的旧模样，从中咂摸那个"车、马、邮件都慢"的时代，人们的审美趣味和生活图景。

这期人文大讲堂，请来的是中国社会科学院近代史研究所副所长、研究员、知名史学专家汪朝光老师，他给我们带来了民国年间中国电影的风采。

爱看电影的人很多，汪朝光老师自己当然也是一个资深的铁杆影迷。

电影，为什么必然是一门产业

1978年，我进南京大学读书。在那之前，我随着父母下放到江苏的农村，看了几年的农村露天电影。回城以后，我每年要在电影院看一百场左右的电影。我是真正的影迷，最新看的一部电影就是《东北偏北》，带有一点黑色幽默、喜剧色彩。

要知道在两周前，今年中国电影的票房已经超过400亿元人民币，将近 70 亿美元。世界上最大的电影市场是北美电影市场，票房收入大概是一百亿美元。我估计三年之内，至多五年，中国就会成为世界第一大电影市场。所以，在这个世纪转换的关头，我们来看看以前中国电影的发展路径，是一个非常有趣的话题。

今天，想从几个方面来跟大家分享一些跟电影有关的主题。一个是电影特性方面，一个是空间方面，一个是时间方面，再一个是检查制度方面。

第一个大的方面，谈一些电影的特性。

每个人如果谈到电影，一定想到电影是门艺术。完全正确。音乐、戏剧、绘画、雕塑、电影……都是艺术，而电影是所有艺术中唯一一门我们知道确切诞生年代的艺术——1895 年，在巴黎的一家咖啡馆里，放映了第一部电影。

但是很多人忽略了，电影其实也是一门工业，更是一门产业，而且是关联度、影响度都非常高的产业。建筑和电影两者恰恰形成反差，电影是艺术，其实也是工业，也是产业；建筑是工业也是产业，其实也是艺术。

电影虽然是一门艺术，但是跟其他的艺术有非常明显的不同。电影要有导演、演员、音乐、美工，是一个团队在拍摄。因此，电影从本质上，与唱歌、作曲、绘画不同，不是仅凭个人好恶就能完成的艺术品种。电影既然是一门团队的艺术，就需要有高投入，高投入就需要有高回报，高回报一定要有市场。所以电影从诞生之日起，就跟市场结下了不解之缘，无法持之以恒地成为一种个人的艺术。

所以从这点上我们也可以理解，为什么当年的美国，十几年时间里就能发展成世界头号的电影大国。

欧洲人更多地把电影作为艺术，而美国人没有思想包袱，从一开始就体会到电影其实是一门产业，本身遵循着一般工业、产业的一些基本的规律，于是努力去寻找一个符合大众需求和欣赏维度的产品。

电影还是一个覆盖面很广的产业，比如电影跟建筑的关系——电影院，你也可以说是建筑和电影两大艺术合二为一的代表。现在的电影院，绝大多数都是购物中心里的多厅电影院，不太能够发现个性色彩。而当年的电影院，都是单体电影院，本身就是一个地标式的建筑。电影和传媒，电影和时尚的关系都是非常密切的。

上海最有名的电影院——大光明电影院的旧楼，位于上海最繁华的南京路、西藏路交叉口，旁边就是国际饭店，是一个非常好的地段。当时是上海真正的地标性建筑，现在依然在放电影，而且外貌和1933年建成时候一样。上海另外一家著名的国泰电影院，则是古典风格，位于淮海中路上，现在也依然在放电影。

北京的大观楼电影院，号称是中国电影的发祥地，北京拍的第一部国产电影就是在前门附近。但是几经改造之后，现在的面目与当年相比已经有了非常大的变化。

上海另外一家挺有名的电影院叫南京大戏院，当年在自然状态下音响效果非常好，1949年以后被改建为上海音乐厅。20世纪90年代上海扩建延安路高架，上海市政府不惜巨资把南京大戏院向后整体平移了300米，现在仍然是上海音乐厅，而且周边绿草如茵，环境比之前反而更好了。

哈尔滨也是电影院出现比较早的都市，松光电影院就是哈尔滨最早的电影院之一，虽然现在已经完全废弃了，但是至少建筑还可以看出当年的模样。

但是电影和其他艺术又很不一样。比如一个作家可能多少年前用一支笔在写作，现在依然如此。但是电影的表现形态是一直在变化的，从一开始的无声到有声，从窄银幕到宽银幕再到3D。我相信未来中国的电影产业一定会有非常大的发展，未来完全有可能跟美国站在同样的位置上。

中国的电影，为什么先在上海生根

我们从空间维度来观察一下电影在中国传播的过程。

电影在中国传播，和其他各国的传播路径大体相当，从大城市向中等城市，再向小城市扩张。在中国的特殊环境下，也一定是从沿海大城市向内地大城市和中等城市扩张的。

但是电影在中国的地域扩张的过程中间，首先在上海落地生根，并且以上海为中心发展，而且发展势头很好。为什么是上海而不是其他大城市？

第一，从市场的角度来理解。上海的工业发展、经济发展，为电影行业的发展提供了最基本的条件。

上海有一批稳定的白领阶层和中产阶级，这为当时上海的电影发展提供了很好的条件。在今天的中国，我们也基本上认为，看电影是一个相对高收入的标志。比如，如果你不从网络上购票，《东北偏北》在上海的电影院里是 90 元钱。1982 年我读硕士研究生，每个月的助学金是 50 元钱，那时候电影票是 0.25 元到 0.2 元一张，我一个月的收入可以买 200 张电影票，看电影完全不是负担。

第二，上海基本上是移民城市，真正所谓的本地上海人很少，都是外地去的。这种移民城市，非常适合电影的发展，因为移民都是爱新奇、好冒险，愿意欣赏这种新生事物，同时由于经济发展，收入相对较高。

第三，上海在近代以来是一个外国侨民最多的城市，这为电影业的发展提供了非常好的环境和条件。因为早先国产电影还不多，市场上有大量的外国电影，外国侨民看这样的电影没有多少障碍。北京也有很多外国的侨民，但是北京的观赏习惯跟上海还是有差别的。比如，北京国际电影节上最难买的票是外国经典名片，比如，我在当时北京电影节上，《美国往事》这样的经典电影，票一张也买不到。但在上海电影节上，我能看到。而日本电影《深夜食堂》的票，在上海电影节上一放出来，很快就卖完了。

再有一个，上海是一个消费城市，经济发展水准比较高，因此有一个“有闲阶级”可以去看电影。比如当年去大光明电影院，很多人并不完全是为了去看电影，而是去交际，因为这是一个非常有面子的事情。

电影在上海发展之后，就开始向其他都市发展。要知道在1949年以前，或者说在相当长的时间里，上海就是中国电影的代名词；上海的电影市场，大概可以占到中国电影市场的半壁江山。而上海的电影制作，占到中国电影制作90%以上。

但是随着空间向苏州、无锡、南京等城市的扩张，也会带来观众层次的变化，由此带来电影放映的变化。

20世纪30年代，在稳定的情况下，上海市场60%到70%是美国电影，剩下30%是国产电影，其他的外国的电影一般不会超过10%。但是到了内地都市，情况就不一样了，观众更愿意接受国产电影。

所以有人说美国电影当年垄断了中国电影市场，其实未必。美国电影只是在中国大都市市场占据比较大的比例，尤其是上海、北京；而内地都市，放的大部分其实还是国产电影。

中国电影发展简史

1978年以前，在中国上映的外国电影很少。当年的顺口溜是“越南电影飞机大炮，朝鲜电影哭哭笑笑，罗马尼亚电影搂搂抱抱，阿尔巴尼亚电影莫名其妙”。

从空间的变化、观众的变化，我们也可以知晓，中国观众爱看什么样的电影。大体上是两大类，基本上是古装武侠片和都市言情片。可能内地观众、农村观众更喜欢古装武侠，都市青年更喜欢都市言情片。喜欢都市言情片跟其他国家一样，但是喜欢看古装武侠片，是中国特色。

当年有一部很有名的武侠片叫《盘丝洞》，非常卖座，是根据西游记的故事改编的。但是随着时间的流变，电影的拷贝就找不到了。但是几年前挪威国家电影资料馆在做大规模的数字化处理中，发现了《盘丝洞》的拷贝，而且还在20世纪20年代的挪威的报纸上，发现了《盘丝洞》在挪威上映时发布的广告，为电影历史研究开辟了无限广阔的想象空间。

当年中国电影有一部非常著名的武侠片《火烧红莲寺》。导演非常具有商业头脑，结尾卖了一个关子，后来电影卖座之后立刻拍了续集，一共拍了18集。

我们再从时间的维度观察一下电影的发展。电影进入中国的时间非常早，1895年电影在法国巴黎第一次放映，但是第二年已经在上海放映了一次，所以它传入中国的时间非常之早，发展相当顺畅。

到20年代中期，中国各大都市基本上已经形成了稳定的放映市场，20世纪20年代在上海已经有二三十家电影院，有将近两万个座位，有固定的电影观众，即便跟东京、巴黎、伦敦比也不至于落后太多。

20年代初，因为当时的内外情况，很多人就开始投资拍电影。

1922年，中国开始有比较多的长故事片在拍摄。到1926年，短短三四年，中国电影的年产量就超过100部，发展相当迅速，产量可以比肩当时的美国、法国、德国、苏联和日本。

从20世纪20年代中期到30年代中日战争爆发之前的10年，是中国电影生产和消费同时繁荣的时段。

中国全面抗战时期，中国电影从原来一个统一的市场和产业，被一分为三。

1931年以后，因为日本占领了东北，建立了满洲映画株式会社，当年号称是亚洲最现代化的电影制片厂，但是拍出的电影在东北的市场也不大。

战争爆发之后，国民政府在上海南京抵抗失利之后，先迁到武汉，后迁到重庆，在武汉和重庆拍摄了20多部抗战电影，对民众进行抗战的宣传。

而上海的电影，大体维持了原状，以拍娱乐片和武侠片为中心，因为当时只有租界没有沦陷，基本上定义为孤岛电影。但是1941年12月，太平洋战争爆发后，上海电影被日本接管，完全是一个沦陷区的电影。

在1937年以前，中国电影以民营电影为主，95%都是民营电影。但是到了1945年以后，国营电影已经占据了相当的比例，这跟战争关联非常深。同时长春、上海、北平就成了中国新的电影中心，上海的中心地位明显下降，而北平和长春的地位明显上升，而这个趋势又延续到1949年之后。

1949年之后，中国三大电影制作中心就是上海、北京和长春，这就是战争的影响。

在战后1945年到1949年的过渡年代，电影消费却又明显扩大，一个很重要的原因，就是电影票价相对下降。这种刺激，使得1948年上海电影观众的人数超过4000万人次，以当时上海600万人计算，4000万人次相当于每个人每年看了7次电影，而今天上海平均每人每年看电影的数量也不过两三部。

上海最早的电影院叫上海虹口活动影戏园，后来改成虹口电影院、虹口文化馆，后来又改成了娱乐场所，没有保留下来作为电影院，确实很遗憾。

1938年在武汉，由中国电影制片厂拍的故事片《八百壮士》，演员之一就是著名的电影人袁牧之，以当时的真实战争事件为背景拍摄的，拍摄时间距离事件发生的时间还不到半年，反应相当迅捷。

为什么各国都有电影检查制度

接下来说一下电影检查制度方面的问题。

电影从一开始诞生，就有强烈的视觉冲击力。所以有了什么样的镜头，什么样的人才能看的问题。

所以电影检查各国都有，因为它太直观形象了。只是检查的表现形式不一样，当年中国、苏联、日本，采取的是硬检查，就是官方主导成立一个电影检查委员会来检查电影；美国、英国采用软检查，是由电影人自己组织一个电影协会，通过若干条例，对电影进行检查。

现在我国民间也有强烈要求实行电影分级制的呼声，但在我看来，机会还不成熟，要有一个非常好的法治环境才能水到渠成。

中国电影检查，在民国年间有两大特色。一是对武侠片相当关注，因为武侠片难免舞刀弄棒，有很高的呼声说不要放这些电影。第二是民族主义情怀，对外国电影中所谓侮辱中国的内容就比较敏感。比如说当年的好莱坞电影中，确实有中国题材，里面会把中国人描写得有点不堪，长辫子、裹小脚、随地吐痰等，大家觉得你就不能拍正面阳光一点的中国人吗？这点恰恰是电影检查产生的诱因。

而对低俗、对道德教化的关注，其实各国都大同小异。

当然现在好莱坞出于种种考虑，特别是出于对中国市场的考虑，对中国的正面反映也越来越多了，我最近看的是《火星救援》，看到有中国国家航天局出手相救，形象非常正面。

刺激民国电影审查的产生，有两个具体的因素，一个就是电影《阎瑞生》。故事讲的是一个上海的买办，跟妓女同居，杀了妓女后又千里逃亡，最后被抓回上海，判了死刑。电影很卖座，但是被认为比较残酷，所以引起了强烈的电影检查的呼声。

另一个是1930年上映的美国影片《不怕死》，其中的中国人被描写得比较低下，中国观众看了很不舒服，就在上海掀起了抵制运动。

这个时候国民党政府已经成立，也开始进行电影检查，现在总算有一个由头了。他们的办法是让报纸不登大光明电影院的广告，观众不知道你放什么电影，也就不去看了。博弈了半年，大光明电影院因为这件事破产了。

1927年国民党在南京建立政权，在20世纪30年代实行了电影检查制度，其中第一条规定是不能有损中华民族的尊严，第二条是不能违反三民主义，后来左翼电影兴起的时候，这条就被用来查禁左翼电影。第三、第四条应用最多，不能妨害善良风俗或者公共秩序，不能提倡迷信邪说。还有，电影里不能有抽鸦片的镜头。

我觉得检查制度越具体，越便于制作人遵守；而检察官的主观性，始终起到一个非常重要的作用。

美国电影《出水芙蓉》是一部著名的喜剧片，非常搞笑。但是1949年以后，长期被我们视为美国黄色电影的代表，因为它以游泳为中心，泳装比比皆是。直到1987年，这部电影才在中央电视台被第一次放映，反映了时代的变化。

时代的审美和时尚的演进

再说当时最著名的左翼电影之一《神女》，写的是一个被侮辱、被压迫的下层女性反抗地痞流氓的欺压的故事。

剧本和拍摄手段非常好，女主角是阮玲玉，角色演得出神入化。去年北京国际电影节放映时，因为是一个无声片，特意邀请了乐团现场伴奏，以表示对先辈的敬意，经过高清修复之后，效果非常好。

1947年拍的电影《一江春水向东流》，里面揭露了国民党时期的腐败和对青年的腐蚀，国民党军方当年对这部电影的上映非常不满意。

《乌鸦与麻雀》拍摄于1949年5月上海解放之前，但是完成于上海解放之后，这部电影刚好完成了对一个时代转换的反映。基本的情节还是在国民党时期，表现时代转换时社会的紊乱，尤其是在恶性通货膨胀下，小人物的幻想和悲哀。赵丹演绎的小老板，跟他的老婆一起幻想未来，但是事实是黄粱美梦一场空。

我们看看民国时期的明星，中国最早的女演员严姗姗，她的打扮就非常符合清朝末年、民国初年中国女性的发型和服饰风格。

到了1930年，新一代的明星以胡蝶、阮玲玉为代表，完全跟好莱坞接轨。胡蝶比较受一般观众的喜爱，很富态，笑时有酒窝。阮玲玉不是很漂亮，但是很妩媚，很适合演悲剧性的角色。从当年的“八美”女明星身上，我们也可以看出什么是民国时代的审美和时尚。

1979年，《大众电影》的封底登出了英国电影《水晶鞋和玫瑰花》中男女主角的接吻照，这是1949年以后第一次在中国的电影画报上登出接吻照，引起了轩然大波。今天我们看到这样的图片，完全习以为常。历史有时候是需要等待和时间的，有时候欲速则不达。

整　理　黄　敏
摄　影　尹炳炎
时　间　2015年12月18日
地　点　杭州师范大学仓前校区

浙 江 人 文 大 讲 堂

陈立群

杭州学军中学校长，中学数学高级教师，澳大利亚 Edith Cowan University 教育管理硕士，国务院政府特殊津贴享受者。教育部中学校长培训中心兼职教授，浙江师范人学教师教育学院兼职教授，曾荣获“首届全国教育改革创新杰出校长奖”“全国百强特色学校十佳创新校长奖”“浙江省第十八届春蚕奖”“杭州市第二届杰出人才奖”“感动杭州十大教师”等荣誉。他长期从事中学教育工作，在教育的方式方法和家庭教育的指导方面颇有研究，参与编写《数学趣苑》《中学数学同步学习指导》等书籍，参与主编《推进素质教育的探索》《学校社会学问题研究》《创新教育理论与思考》《创新教育实践探索》等。

家庭教育与生涯规划

培养孩子的责任感

我们现在孩子学习上的“家”，可能有80%不是自己当，而是老师当。老师叫我看就看，叫我听就听，叫我做就做，叫我考就考。据我统计，从高考的角度来说，自主当家，没有一个考不好的。我们学军今年高考理科上第一批达96.8%。这些孩子都是自己当家的。有三个教师典型介绍出来的经验都是一致的：自主学习，先学后教。先学，一定要让学生自主当家。现在兴起“班长课堂”。知识传授在网上，在微课堂上。浙江实行的考招改革，也强调自主学习、自我规划。

学习上的自主当家有一个标志，就是用心读书。它与用脑读书不是一回事。人文积淀类的东西，需要后天花心力去读、去记、去背。但脑要为心服务，心脑共用。到了教室，等着老师布置任务，只求完成，不是真的求懂。用心的人，求高效、简洁、有力。

学习，需要孩子建立责任感，要从生活习惯入手。很多家长以为，把孩子生活上的一切都安排好了，让孩子一心学习就够了。其实，这是大错特错的，孩子学习习惯是从生活中培养起来的。适当的家务可以培养孩子的责任意识。还要让孩子自己多拿主意，不要包办。比如，小孩子问你问题，尽量不要正面回答，可以提供分析，最后答案由孩子自己去琢磨。

当下的学生存在以下几方面问题：努力不尽力，辛苦不刻苦，自觉不自主。学生必须要动得起，静得下。动得起是必要的。近几百年来的东西方较量，东方全面溃败。我们培养的君子，不如西方的绅士，人家的绅士，一脱西服就是将军、冒险家、殖民强盗，我们的君子，无论怎么穿，都是书生。原因在于我们的知识面太窄。我看到太多的省级优秀毕业生，到了工作单位，除了在他的学科上可以说上几句话，除此之外，几乎就是白痴一个。反过来，静得下，既要动得起，又要静得下，静得下是必需的。儒家的“心静极则智慧生”，佛家的“灵台清静，静能生慧，慧能生智”，道家的“静能生定，定能生慧”，儒释道三家都强调“静”。诸葛亮《诫子书》中也说“静以修身”“非宁静无以致远”“夫学须静也”。

男生与女生问题

江苏2003年实行高考改革，重视语数外三门基础学科，女生优于男生。道理很简单，文科强的学校高考好，理科强的学校高考没有优势。浙江比江苏更加重视语数外。语数外好，转型容易。初中的底子要打好，高中才可以冲。男女生学习差异，是一个全球性问题。美国毕业生典礼上，优秀代表发言者基本上是女生。有研究认为，七岁男孩相当于不到六岁的女孩的学习能力。学习态度上，女生安静沉稳；学习习惯上，女孩专注，善于表达，回答问题充分细腻，女生课内做笔记，课外会复习，男生应付多；思维上，男生回答犀利，能说到点子上，女生擅长形象记忆。如果高考、中考以考基础为主，以笔来考，男生永远输于女生。考基础，就是考修养，考习惯。而行为习惯上，男生崇尚力量，过于自信，落后以后过于自卑，原因在于父教缺席、母亲溺爱。在学习上，要关注男生的文科基础，男孩也要学习记笔记。

家长是孩子最重要的榜样

以言相传，以身作则，家长的期望值与孩子的抱负水平成正比。孩子在家里的时候，家长应该做什么呢？比如说，孩子周末回家了，在做作业，有人想，家长总不好看电视、看电脑、看报纸吧？可以坐在孩子身边看看书。在我看来，家长无论看电视、看电脑、看报纸、看书都没关系，重要的是，你在看报纸，孩子的心目中你在阅读时事，你在看电视，孩子认为你会看什么节目，你在看电脑，孩子会想你在干什么，你在看杂志，孩子想你在看什么内容。大量的身教胜过言教。

教育孩子需要夫妻的默契配合。相对来说，父亲严母亲宽的模式比较好。如果父亲宽母亲也宽，那么孩子可能就没人管了。孩子到了初中容易逆反，初中生到了家里，家里最好不要有教育功能，减少逆反机会，让孩子去自我教育。

孩子是否可以拿手机去学校呢？我认为，拿着手机，“有百弊，有一利”，不是“无一利”。一放学的时候，父母来接孩子，跟孩子沟通，说车子停在哪儿，然后可以让孩子走到哪里上车，这是一点好处，除此之外，没有好处，学校里都有公用电话。

家长关注两件事，一是关注孩子身体健康，二是培养孩子的思维方式。孩子要有哲学头脑，家长要帮助孩子从不同角度去分析。孩子周一要去上学，周末孩子在家看电视，家长可以不用去问这问那。孩子在睡眠上要有保障，周末可以睡到十二点才起来，家长要允许孩子补补觉。

最好不要请家教，非请不可必须符合三个条件：第一，孩子在课堂上正常的教学内容接受不了，需要家教额外点拨才能全部理解，如果孩子有能力理解，只是在课堂上不听，那没必要请。第二，尽管当堂课无法理解，但必须是孩子自己有主动要求。第三，家教老师不能找六个八个十个，不能只讲几道练习题了事，家教老师应该是这门学科交流一两次就能了解孩子的情况的老师。只有符合这三个条件，才可请家教。

考招改革与生涯规划

学者调查，80%的高中学生不知道自己哪方面有特长。所以，一定要让孩子做生涯规划，一是帮助孩子认识自己到能够做什么，二是了解社会，了解自己可以做什么。家长和学校要发现孩子最擅长什么。说起来很遗憾，我们的教育是太不一样的学校、太不一样的学生，却用一样的教材、一样的教法，最后是一样的考试，把不听话的孩子抓牢了，把听话的孩子抓死了。

关于出国留学，我简单说几句吧。金融危机的时候，有三条对策：一是你手上不要拿太多的钱，因为钱会贬值，把钱还到政府去；二是投资教育，培养孩子，让孩子值钱，而不是让孩子有钱；三是投资健康。出国留学，不要让孩子去帮外国人赚钱。如果孩子将来打算回到国内来就业，迟一点也不要紧，如果就在国外就业了，那就越早越好。给奖学金的，就去读。如果要自己付钱，得看看是否可以让孩子变得值钱。

面对现在的考招改革，高中的起步要快，现在差不多是"三年三考"。有两类，一种是起步早，三年平衡，一种是起步晚，冲击有力。在读书这件事上，晚出手的孩子通常全部失手。"富不出三代"，守业比创业更难，优秀的后代才可以继承和创造。

暑假做什么？舒展身心，从小开始，爱好一样运动，喜欢一种乐器。人的志趣很重要。孔子给他的弟子开了六门课，分别是：礼、乐、射、御、书、数。礼、乐放在前面。

孩子与老人要有交流，老人言有人生智慧。

高考只是一阵子，人生才是一辈子。爱在何处，何处有感动；梦在何处，何处有未来。

谢谢大家！

整　理　丽水市社科联
摄　影　丽水市社科联
时　间　2015 年 7 月 11 日
地　点　丽水市行政中心

张 冰

清华大学教授、博士生导师，清华大学体育与健康科学研究中心主任，我国运动人体科学界最早研究基因表达的博士之一，同时他兼任北京市高等教育学会体育研究分会秘书长、体育科学学会《中国运动医学分会》委员、中国营养与食品科学学会委员。其自主研发的清华大学《运动处方专家系统》，利用计算机程序普及化、自动化、方便快捷的功能特点，将专家系统知识利用到人体运动科学领域，是人工智能研究的一项重要突破，有效地解决了运动处方推广应用的难题。出版了《高原训练的理论与实践》(中英文对照)等著作，论文《面向21世纪的清华大学体育师资队伍建设与发展探索》获得众多全国性奖项。

我的健康我做主

什么是健康管理理念？健康管理有三个定位，一是学科定位，属于临床预防医学范畴。二是政策定位，为中国疾控中心(官办医学)范畴，负责发布信息、制定国家政策、主管部门政策、政策理念等。国家三级预防理论：病因预防；病发预防；病情预防。只有理论形式，没有实施技术。三是市场定位，市场需求相当大，市场在等模式。社区重点要做前两级预防，即病因和病发预防，至于第三级预防即病情预防是控制性效果预防系统，是二甲级以上医疗系统和平台的事情。健康管理是致病因素管理与慢性病管理一样需要平台。

什么是人生财富？

身心健康是生命质量的基石和保障，是人生追求的真正财富。健康才是真正的财富之冠。我们有一个数列如下：

1	0	0	0	0……
健康	金钱	名誉	地位	家庭……

假如健康的“1”倒了，其他都是“0”！

健康的“1”越长，承载的“0”越多……影响健康最重要的几大要素：阳光、空气、水、运动、营养、心理。空气好，水好，对于人的健康很重要。多做运动，营养膳食，对于人的健康也很重要。心理，对于人的健康也很重要。

这里引用一段白岩松说过的话："生命中有一种怪异现象，你很轻易拥有的东西，其实是最珍贵的，由于你拥有着，就不去在乎，而是去追逐一些其他的目标。现在的中国人大部分是这样子，牺牲心情、牺牲健康、牺牲亲情、牺牲忠诚，去追逐金钱、名誉、地位等。但是当你把那些都追到了，把真正宝贵的东西失去了，才后悔了。好多东西是买不来的，健康更是买不来的。"

什么是命？什么是运？

生命地图：命＋运＝基因＋环境。生命（基因），人的命天注定（父母），先天的物种、智商、性别等，检测可知，遗传性缺陷或疾病等可以预防。命运（环境），人的运指后天机遇，包括自然环境、社会环境、人文环境等。家庭环境对孩子的教育非常重要，从困难的家庭环境中出来的孩子，有不少成功的，但成功之后把权力看得很重，这是家庭教育方面的问题所致。家庭对孩子的影响有知识结构、精神压力、分析能力、判断能力、智慧、性格、意志品质等方面。

现代人的五高形态：高血糖、高尿酸、高血压、高血脂、高血粘。这都说明了现代人已经有了严重的健康问题。

别说你有钱，有钱没命也白搭！梅艳芳比你有钱，请得起国内外的任何专家，宫颈癌还是把她带走了。陈晓旭比你有钱，从乳腺增生开始到乳腺癌，钱也没能留下她。王均瑶比你有钱，35 个亿也没有换到一寸健康的肠子，直肠癌把他带走了。北京同仁堂股份有限公司的董事长张生瑜比你懂医术，突发心脏病逝世，年仅 39 岁。上海中发电气集团董事长南民，因患急性脑血栓抢救无效去世，年仅37岁。所以，我们要学会做健康管理，因为有很多东西是医学解决不了的。

研究健康问题的重要意义

一个民族、一个国家是由一个个健康的个体组成的，而健康是关系到民族兴旺发达、国家繁荣昌盛的社会性目标。

党的十六大第一次将公民健康素质与思想道德素质、科学文化素质相提并论，并将其定为全面建设小康社会的目标之一。中国疾控中心网站发布了《中国心血管病报告2012》，报告显示，每10秒就有1人死于心血管病，中国有2.26亿人患高血压。

2013年8月28日，李克强总理主持召开国务院常务会议，提出"推健康产业新政，撬动8万亿市场"。据官方解释，健康服务业包括医疗护理、康复保健、健身养生等领域，是现代服务业的重要内容和薄弱环节。据新华网报道，目前，中国健康服务业年产值仅占GDP的5%左右，而美国的该项数据2009年已达到17.6%。据相关部门测算，到2020年，中国健康服务业总规模将达到8万亿元以上。

2014年9月2日，李克强主持国务院常务会，会议部署加快发展体育产业、促进体育消费推动大众健身。会议要求，一要简政放权、放管结合，取消商业性和群众性体育赛事审批，放宽赛事转播权限制，最大限度为企业"松绑"。推进职业体育改革，鼓励发展职业联盟，让各种体育资源"活"起来，适应群众多样化、个性化健身需求。

健康管理

什么是健康？世界卫生组织（WHO）提出"健康"的完整定义：躯体健

康——无明显的不适或不舒服，检查生理指标在正常值范围；心理健康——没有心理障碍，遇到问题能及时疏解或调节压力；社会适应能力好——能融入社会，包括适应社会、环境，与同事或朋友和睦共处等；道德健康——良好的道德规范能给人们的健康创造一个优良的社会环境。

什么是健康管理？健康管理即对个人或群体的健康状况的动态监测及对健康影响因素的全面管理。其目的在于变被动治疗为主动预防；其意义在于减少发病概率、控制发病进程、节约医疗支出和提高生命品质。

WHO统计资料显示，影响人健康的因素中，医疗占8%，环境占7%，社会占10%，遗传占15%，生活方式占60%。由此说明，你的生命60%掌握在你自己手中，可通过管理、保健实现。人类40%的疾病，通过预防保健是可以避免的，通过早期发现是可以得到有效控制的，通过信息的有效沟通能够提高治疗效果。

在这里，我说一个秘密，很多医院里发现患者有肿瘤了，都要做一个穿刺或切片，医生通常会把病情夸大一些，因为有许多不可控因素，患者要签很多字，外科医生会等大点再切，除非长在很重要的器官上，有的手术很成功，没有扩散，有的手术之后也没活多久，因为扩散了。我的导师说过，肿瘤长出来之后，不要急，不要害怕，经常观察，看它长得快不快，如果长得快，是恶性的，如果长得慢，大部分是良性的。精神因素很重要。有些双规了的人，一夜之间愁白了头，精神压力大，会加速肿瘤转化。内分泌在生理学上有放大效应，就像兴奋剂，对人体影响极大。有了肿瘤，要正确对待。

下面讲预防心血管病的根本途径。

血管非常重要，血管是生命的运输系统，内脏系统的垃圾也需要通过血管进行分解和排出。血管若黏稠，就像小河沟有了脏东西，代谢垃圾出不去。人体是一个闭合系统，需要多喝干净的水，多运动。

下面我们来看看“三高”真相，高血压、高血脂、高血糖。我们的心脏每天跳动，将血液送往全身。心脏将血液打出来后，进入大动脉，大动脉接到血液后，会不断透过收缩，不断传接，将血液送到动脉，毛细血管，送到全身各处。最难送到的几个位置：头部顶端；手指指端；脚趾趾端等离心脏最远的地方。

很多人没有看过血管网，血管网像头发丝那么细，布满人体的每一个部位。毛细血管网是人体交通运输的大命脉。人们常说，生命在于静养。一些禅修的人，穿着袈裟，盘腿坐在雪地里，一夜过后，抖掉身上的雪，然后下山，这就算禅修成功。人在禅修的时候，需要调动肾上腺素，这样就不觉得冷了。针灸的机制也是同样，打球受伤，针灸下去，解压了，血渗到各个层面，很快就好了。有时人将死，进行急救，使用电击，加快供血供氧。有一种类似宇航员服的仪器可以防止心梗，就是让人体出大汗，快速循环。运动员训练时，先进热水，然后进冷水，再热水，再冷水，加速血管伸缩压。许多人在知道有高血压时，当场就血压高，然后开始吃药。造成高血压的原因，一是血管中失去营养素，血管失去弹性，二是血脂胆固醇太多，血液黏稠度加大，血流速偏慢，于是出现头晕等。随便吃降压药，不是帮助身体，是跟身体作对。当血压超过 170 时，吃一点降压药，避免血管破裂而产生脑溢血等。高血压，需要的不是轻易去降压，而是去改变血流速。调节血压有两个关键，一是降低血黏度，二是通过运动增加血流速。高血压并不难治。

糖尿病会引起很多恶性疾病。有些糖尿病人得病，其实并不是因为吃糖过量。举个例子，跑步的时候，缺氧，出现“极点”，把体内的糖原消耗完了，这时需要脂肪的参与，脂肪功能叫“第二次开始”。很多人不是吃糖吃多了才得糖尿病，其实是糖没有代谢出去。按照物质不变定律，血糖不会消失，会囤积下来，导致肌肉溃烂等。糖尿病，需要的不是降糖，而是解决糖吸收问题。要喝水，喝无污染的水，要运动。

我给大众运动提供的指导方针如下：“有氧运动是主线”，“力量运动是基础”,“拉伸运动是再生”,“平衡协调延年益寿”。

从我做起,从现在做起,注重健身锻炼,注重健康生活方式,注重养生!

整　理　丽水市社科联
摄　影　丽水市社科联
时　间　2015年8月8日
地　点　丽水市行政中心